희망의 메아리

긍정 자존감

[희망의 메아리 긍정 자존감]

김명희 지음

북그루

목차

서문

"모든 것은 다른 어떤 것의 결과일 뿐이다." _데이비드 호스킨

우리에게는 저마다 희망의 메아리가 있다. 우리는 피조물인 동시에 창조자이기 때문이다. 우리에게 보다 더 가치 있는 삶은 넘실대는 바다를 항해하는 그 즐김의 과정이다. 혹은 우리를 한 입에 집어삼킬 듯이 마구 달려오는 너울성 파도를 전심전력을 다하여 단숨에 펄쩍 뛰어 넘는 스릴의 과정이다. 항해의 기쁨은 한 물결 한 물결을 차분히 혹은 거침이 없이 헤쳐나가는 데 의미가 있다. 가령, 물보라에 말을 건네고, 바람의 숨결을 느끼고, 바다의 맥박 소리에 귀를 기울이는 일이다. 인간은 무한한 긍정 능력을 지녔기에 눈부신 발전을 거듭할 수 있다. 특히 인간 개개인의 발달은 희망의 메아리 긍정 자존감을 향상시킨 결과로 이루어진다.

때로 인생 바다 한복판에서 우리의 침묵은 그 자체가 안식이다. 하늘을 뚫을 듯 치솟아 오르는 파도의 터질 듯한 심장 소리다. 도저히 헤쳐나갈 수 없을 것 같던 깜깜 어둠 속의 암초 사이를 간신히 빠져나가야 하는 아뜩함이다. 이 앞에서 무슨 말을 할 수 있겠는가.

그동안 우리는 피 터지게 절규하는 내면의 목소리를 미처 알아차리지 못했을 수 있다. 하지만, 항해하는 삶은 그저 묵묵히 걸어 온 인생의 자취를 돌아보는 일이며 새로운 도약이다. 납을 어떻게 금으로 변화시킬 수 있겠는가와 맞먹는 무한한 긍정 자존감을 향상시키는 일이 아닐 수 없다.

숨죽인 자연은 생생한 빛을 발한다. 그 빛은 우리 영육 간을 하나로 통합한다. 과거와 현재, 그리고 미래에 걸친 우리의 '숨결'이다. 고요하고 따뜻한 하나의 연속체이다. 우리 아버지의 그 아버지의 아버지, 우리 어머니의 그 어머니의 어머니……. 까마득한 그 옛날 옛적부터 이어온 숨결은 성스러운 창조물이다. 이것은 어떤 것도 평가하거나 배제하지 않는다. 그러니까 모든 것이 동등한 가치를 지닌다.

우리는 모두 본질적으로 분리된 각각의 요소들의 일체이다. 예를 들어 개인의 기질이나 태도, 그리고 가치에 따라 어떤 대상을 어떤 방식으로 만나느냐가 관건이 아닐 수 없다. 대상, 즉 세상을 제한된 범위의 관점에서 볼 게 아니라 높은 긍정 자존감으로 인간과 세상을 있는 그대로를 보아야 할 필요가 있다.

데이비드 호킨슨에 따르면 사실상 세상 모든 것과 모든 사건은 주어진 어느 순간의 그 모습 그대로 존재하는 모든 것의 전체성이다. 그런 근본적 변화에 우리의 마음은 수용하지 않으려는 경향이 있다. 하지만 우리는 긍정 자존감을 향상시키는 그 과정에서 자신의 삶을 바라보는, 즉 새로운 삶의 방식을 탐험하려는 자발적 능력을 발휘할 수 있다. 우리 각자는 저 너머로 가는 통로를 이미 지니고 태어났다. 지금 –여기 이 순간(존재–있음)은 뜻밖의 모든 순순한 것들이 현현(顯顯)하는 장소이다.

우리는 살아가면서 좋은 일도 겪지만 어려운 일도 경험한다. 어려운 일 혹은 대상이 없는 곳에서 우리는 무엇으로 존재하겠는가? 만약 고통에 처했을 때 그 고통은 희망을 낳는다는 사실을 인식하지 못하면 낙오자가 되지만, 또 다른 삶을 위한 바탕, 즉 전화위복의 계기로 긍정 자존감을 향상시키고 활용한다면 충분히 만족한 삶을 살아갈 수도 있을 것이다. 기회는 선택이다. 거북하고 보기 싫은 세상 혹은 대상들이 사라진다면 우리는 커다란 정신적 외로움 때문에 정상적인 생활을 이어가기 어려울 수도 있다. 왜냐하면, 그 대상들에게 일어난 일들이 우리에게도 일어날 것이기 때문이다. 세상의 모든 것들은 하나도 하찮은 게 없다. 저마다의 이름을 가지고 있고 저마다의 삶의 가치를 누리고 있는 존재 능력을 지녔으므로 우리는 그것들을 사랑의 눈길로 소중히 보아야 마땅하다. 서로의 서로가 되는, 즉 교감과 공감이 중요하다. 그런 만큼 우리는 자신을 정립하는 결정권을 가지고 있으므로, 높은 긍정 자존감을 잘 활용하여 역경을 극복하고 진정한 자기 삶의 행복을 누려야 한다.

우리가 낮은 자존감으로 자기 생각과 의지와 그리고 결정권을 오염시킨다면 언젠가 우리 스스로 악취 심한 쓰레기 더미 속에서 질식할 수도 있을지 모른다. 대지를 가로질러 흘러가는 저 흰 구름의 그림자처럼 흔적 없이 사라지는 날이 있음을 깨닫고 삶의 의미를 되짚어 봐야 할 이유가 여기에 있다. 우리가 숨 쉬고 있는 이 순간은 우리의 모든 힘과 능력을 드러내는 곳이 아니면 그 무엇이겠는가? 누가 우리 인생의 어려운 문제들을 해결해 줄 수 있다고 믿는가? 마치 신이 족집게처럼 정확하게 모든 해결책을 가지고 있다고 과도한 기대를 하고 있지는 않은가? 복잡한 현대 사회에서 날마다 겪게 되는, 즉 인간관계망 속에서 여러 가지 스트레스를 극복하고 그런 환경에 대처하기 위해서는 긍정 자존감을 향상시켜야 함은 필수적이다. 오늘날 현대 사회의 복잡한 구조에 부응하려는 노력의 일환으로 필자는 이 책을 세상에 선보이기에 이르렀다. 우리가 긍정 자존감을 향상시키는 일은 물론이거니와 그 잠재력을 어떻게 향상시키고 계발하느냐에 따라 개인의 삶의 행복감은 당연히 달라질 수밖에 없다.

이 책은 그런 맥락에서 우리 자신이 가야 할 길, 아직도 가지 않은 혹은 못 간 길을 갈 수 있게끔 하는 내용이다. 시원한 바닷 바람 같은 답을 주고 싶고 삶의 진실을 볼 수 있는 저 너머의 길 위에서 자신을 점검해 보는 고요한 시간을 갖기를 바라는 마음이다. 인간관계와 현실에 부딪치는 문제에 대한 기본적 지식은 물론 우리는 '서로의 서로'라는 사실과 그 적용기술을 습득할 수 있게 구성했다. 그뿐 아니라 충만한 삶을 꿈꾸게 하는 희망의 메아리가 일상생활에서 도움을 주려는 목적으로 인간 삶의 전반적인 문제에 관한 내용을 이해하기 쉽게 집필하였다.

독자들은 각 장을 읽으면서 자기가 특별한 관심을 두고 더 깊이 자신을 탐색해 볼 수 있는 게 무엇인지, 지금껏 충만한 삶을 살지 못한 근본적인 문제가 무엇인지, 흥미진진한 여정을 위해서 희망의 메아리 긍정 자존감을 향상시키는 것이 얼마나 쉬울 수 있는지를 탐구하게 될 것이다. 필자는 삶의 문제에 부딪혀 우울증을 앓았고 심지어 극단적인 방법을 선택하려 할 정도로 고통스럽고 어려운, 즉 암흑 속에서 한 줄기 빛을 간절히 소망했다. 20여 년 전부터 각종 학회에 참가하게 되었고 또한 정신분석, 문학치료, 문학심리상담, 철학, 영성학 등 다양한 학문에 몰입하고 탐구하는 동시에 종교라는 경계선을 지우고 일찌감치 영적지도를 받으며 격렬한 고통으로부터 자유로워질 수 있었다.

이 책의 독자의 삶은 분명코 다를 것이다. 풀꽃들이 무슨 말을 하는지, 나무의 숨소리의 결이 어떤지, 산의 맥박 소리에 귀 기울여 자신을 완전히 내맡길 경우 어떤 세상이 펼쳐지는지를 볼 수도 있으리라 생각한다. 이것은 에고Ego를 포기하는 것과는 전혀 다른 것이다. 이 책은 삶을 보다 긍정적인 시각으로 바라보고 자기 삶의 문제를 적극적으로 탐색하는 독자들을 염두에 두고 집필을 하였다. 우리는 안전한 자신의 존재를 탐색하는 그러니까 존재냐 비존재냐를 넘어서는, 즉 지금껏 자기 자신이라고 믿었고 알았던 것들을 초월해야 한다는 것에 불과하다.

이 책에는 긍정 자존감이 향상되는 매순간 삶의 변화가 일어나고, 독자들은 '충만한 삶'을 꿈꾸는 것, 동시에 '희망의 메아리'의 힘과 그 부드러운 향기를 느낄 수 있는 것, 심지어 인간존재 자체를 넘어서 전체성을 깨닫는 것은 독자 여러분의 일이라 생각한다. 험난한 세상 속이라 할지라도 긍정 자존감을 향상시켜 고통을 기쁨으로 바꿀 수 있게 되기를 바란다.

십일 년째, 병상에 누워지내는 사랑하고 존경하는 아버지, 필자의 숨결인 천상의 어머니께 이 책을 바친다. 그리고 존경하는 스승 이성복 교수, 장옥관 교수, 홍준화 교수, 이지엽 교수님께 깊이 감사를 드리며, 이 책이 빛을 볼 수 있게 아낌없는 도움을 준 사랑하는 우리 가족에게 고마운 마음을 전한다. 이 책이 출간될 수 있도록 열성을 다한 북그루 이창호 사장님과 직원, 필자에게 힘이 되어 준 모든 분들께 감사의 마음을 전한다.

책은 새로운 삶을 살게하는 영향력을 행사한다. 물길이고, 바람길이고, 숨길이다. 이 책이 독자 여러분께 사랑과 기쁨, 꿈과 희망의 발판이 되길 바란다.

지금, 이 순간 '희망의 메아리'는 울려 퍼지고 있다.

듣자, 우리 안의 긍정 자존감이 향상되는 소리를.

보자, 천 개의 인생 항로가 찬란하게 펼쳐지는 것을!

2018. 10. 김명희

chapter 1

변화의 시작
긍정 자존감

긍정 자존감이란 무엇인가?

긍정 자존감이 왜 중요한가?

긍정 자존감의 기능과 효과

사례를 통한 긍정 자존감의 향상

긍정 자존감이란 무엇인가?

긍정 자존감은 희망의 돛이요, 삶의 방향키이다. 동시에 자신을 존중하고, 가치를 높이고 품위를 지킨다. 끊임없이 자신의 현재를 개선하고, 발전시켜 나가는 데 목적을 둔다. 긍정 자존감이 높은 사람의 밝은 표정에는 삶의 긴장을 풀어 주는 온화함이 깃들어 있다. 그러한 사람은 말을 하되 긍정적인 단어를 사용하고, 그의 목소리 또한 부드러우며 말은 단순하면서도 호감을 끈다. 그의 긍정적 사고와 높은 자존감은 깊은 내면에서 우러나오는 것이 분명하고, 그의 말은 듣는 사람이 자기-자신의 맑은 영혼을 발견하게 한다.

긍정은 어떤 사실이나 생각에 대하여 그렇다고 인정 또는 승인하는 것이다. 우리가 어떠한 사실이나 생각을 어떻게 받아들이고 이해하느냐에 따라 그 상황은 확연히 달라질 뿐만 아니라 삶의 방향까지도 엄연히 달라진다. 우리가 궁극적으로 바라는 것은 사는 동안 자기다운 자기로 사는 데 의미가 있다. 바로 자기다운, 제 이름값을 하는 충만한 삶을 사는 것이다. 우리가 일상사에서 새롭고 놀라운 세계를 발전시켜 나가는, 경험과 참신한 실체로 사는 일일 것이다.

이때 개인의 삶은 더욱 풍요롭고 완전히 새로운 시각을 갖게 된다. 자신도 모르게 생기 넘치는 통찰력을 얻게 됨으로써 겸손하게 열정을 다해 응답하는 삶으로 바뀐다는 말이 된다. 또는 삶에 부딪히는 어려운 현실 문제를 새로운 긍정의 빛으로 비추어 보게 됨으로써 그 문제를 잘 이해하고 효과적으로 해결하는 것이다. 어느 누가 무엇을 말하든 있는 그대로를 받아들이고, 심지어 상대방의 침묵까지도 듣고 이해하는, 전 존재를 열어 둔 상태가 되는 것이다. 마치 두 손으로 바닷물을 다 퍼내려는 작업 같은 것이 아니라 활짝 핀 꽃들의 향기에 얼굴을 묻어, 기분이 맑고 상쾌해지는 긍정의 순간을 즐기는, 그런 가치 있고 행복한 삶. 흥미진진하지 않은가.

긍정 심리학 창시자 마틴 셀리그만Martin E. P. Seligman은, 긍정은 인간 행복을 지속적으로 향상시킬 수 있음을 보여준다. 아울러 이미 설정된 우리의 행복 범위 내에서 최고의 행복을 누리는 방법을 알려준다. 다시 말해, 행복한 삶의 가치를 긍정의 정서에 대한 이해와 배려에서 찾고 있다. 진정한 행복은 개인의 강점을 찾고 계발하여서 일, 사랑, 자녀 양육, 여가 활동이라는 다양한 삶의 현장에서 활용함으로써 더욱 가치 있고 품위 있는 삶을 사는 것뿐만 아니라 편안할 때

보다 시련이 닥쳤을 때 자신감, 희망, 신뢰 등과 같은 긍정의 정서를 바탕으로 바람직하고 편안한 삶을 누릴 수 있을 것이다.

이때 자신의 높은 존재감을 구축해 나가는 것이 매우 중요하다. 그 방법은 마틴 셀리그만이 연구한 인간의 긍정적 측면과 긍정 심리학의 5가지 요소인 긍정 정서, 몰입, 삶의 의미, 긍정 관계, 성취와 이들의 기반이 되는 성격 강점을 잘 활용하는 것이다. 결국 내면의 긍정 심리를 확장해 기쁨과 만족을 느끼고, 역경을 이겨내게 되고, 스스로 행복을 만들어 나갈 수 있는 행복의 도구가 되는 것이다. 그 도구를 잘 활용하다 보면 어느 순간, 자신은 고귀한 가치를 지닌 존재임을 발견하게 될 뿐 아니라 그때의 기쁨은 자기 혼자 감당할 수 없을 만큼 큰 것이라는 사실을 알게 될 것이다. 곧 어떤 틀 속에 갇혀 있는 것이 아니라 사랑, 감사, 즐거움, 기쁨……. 일의 만족도 같은 긍정 정서가 능동적이고 적극적으로 새로운 자신을 몸소 찾아 나선다는 것으로 집약될 수 있다.

누구나 행복에 대해 환상을 가진다. 불행을 꿈꾸는 사람은 없다. 자신에 대한 믿음과 확신이 부족한 사람은 현재의 삶을 아무 생각 없이 무기력하고 무의미하게 보내기 일쑤이다. 지금의 행복에 만족하는 사람도 더 나은 행복한 삶을 기대하리라 생각한다. 더 나을 것이 없는 삶은 과감히 버리고, 긍정의 정서 모드로 예측 가능한 삶을 설계해야 한다. 행복한 미래는 지금-여기 이 순간에 있다. 매 순간 긍정 자존감으로 삶에 충실해야 하는 이유도 여기에 있다.

긍정 자존감이 왜 중요한가?

긍정 자존감의 핵심은 재탄생이다. 다시 말해 타자의 욕망에 의해 소외되어 있는 자신의 욕망을 발견한다는 말이다. 정신분석학자 라깡은 "나는 시인이 아니라 시(詩)이다."라고 말한 바 있다. 고유한 자신만의 욕망을 발견하지 못하면 진정한 주체로서의 존재로 살아가지 못한다. 소외된 욕망, 타자의 욕망에서 벗어나 진정한 자신만의 선하고 고유한 욕망을 누리는 자유를 획득한 새로운 주체로 재탄생하는 것이 목적이다. 긍정 자존감의 발달과 향상은 인생 전반에 있어 중요한 과업이며, 역경을 극복하고자 함에 있어서 긍정 자존감의 확립이 이루어지지 않으면 삶에 부적응적인 결과를 초래할 수 있다. 이에 긍정 자존감은 숨겨진 바, 자신의 본성을 발견하고 손상된 자신만의 목소리를 회복하는 데 그 의의가 있다.

마틴 셀리그만은, 자존감은 자기-존재에 관해서 갖는 존중의 느낌이라고 한다. 어떤 것을, 혹은 어떤 사람을 존중한다는 것은 그 사람이나 사물에 가치를 부여한다는 것이다. 동시에 자신의 약점을 이해하고 받아들이면서 자신의 강점을 극대화하는 것이다. 긍정 자존감은 개인의 정체성을 확립하는 데 필요할 뿐만 아니라 대인 관계의 형성과도 관련이 있다. 긍정 자존감이 높은 사람은 친밀한 관계를 형성하면서 그렇지 않은 사람에 비해 자기 관리, 환경에 적응하기, 결단력이 높다. 긍정 자존감은 사회 적응력에 긍정적인 영향을 준다.

이렇듯 긍정 자존감은 자기-가치와 직결된다고 볼 수 있다. 이는 자기-자신에 대하여 따뜻한 이해와 관용의 눈길을 통해 얼마든지 개인의 인격 발달과 정체감 형성에 긍정적인 영향을 미칠 수 있다. 긍정 자존감이 자기-자신의 의지와 관련하여 독특한 강점이 있다면, 그것은 자기-자신의 무한한 긍정 정서로 발전시켜야 함이 마땅하다. 이 말은 우리는 각자 자신에 대해서 어떻게 인정하고 수용하며, 자신의 능력들에 대해 얼마나 확신하고 있는지와 직접적인 관련이 있다.

자존감에 대한 최초의 이론가는 윌리엄 제임스William James와 스탠리 쿠퍼 스미스Stanley Cooper Smith이다. 윌리엄 제임스는 "자존감은 주로 우리가 스스로 갖고 있는 목표들과 그 목표들에 도달하는 정도에 따라 크게 달라진다."고 주장했다. 자신에게 어떤 것이 중요해서 그것을 성취한다면 자신의 자존감은 높아지게 마련이다. 반면 자신에게 중요한 것들을 부정하거나 이루지 못했을 때는 자존감이 약화되거나 손상을 받게 된다. 인간의 개인적 생애는 자기-자신의 긍정 자존감으로 풍요로운 삶을 구현하기 위한 생생한 즐김과 기쁨의 터전이다.

스텐리 쿠퍼 스미스는 자존감을 "우리 자신에 관해 우리가 가진 태도를 통해 표현되는 개인적인 가치 판단"으로 정의했다. 무릇 대부분 심리학자나 치료사, 그리고 자존감 전문가는, 자존감이란 우리 정신 안에 가진 자신에 대한 그림이라는 것이다. 이것은 자기 자신이 스스로에게 부여하는 가치라는 기본적인 사실을 암시한다. 이렇듯 긍정 자존감은 자기 자신의 능력을 믿고 한계를 인정하고, 현실적인 목표들을 설정하고 이행하며 긍정적인 가치가 있는 관계들을 발달시키는 일들과 관련이 있다. 이는 자기-자신은 자신의 긍정 자존감이 분명히 자신-자신의 인격과 긴밀하게 연결되어 있다는 믿음과 능력을 바탕으로 한다.

현재 심리치료사이며 심리학자인 나타니엘 브랜든Nathaniel Branden은 자존감을 "생각할 수 있는 우리의 능력에 대한 확신, 삶에서 마주하는 필수적인 도전에 대응할 수 있는 우리의 능력에 대한 확신, 성공하고 행복할 수 있는 우리의 권리에 대한 확신, 그리고 가치가 있다는, 누릴 자격이 있다는, 원하는 것과 필요한 것을 주장할 권리가 있다는, 우리의 가치들을 성취할, 그리고 우리 노력의 결과들을 즐길 권리가 있다는 느낌에 대한 확신"으로 정의했다. 그의 공식적인 정의는 "자존감은 자기 자신을 삶의 기본적인 도전들에 대처할 수 있는 능숙한 사람으로, 그리고 행복을 누릴 자격이 있는 사람으로 경험할 수 있는 성향"이라고 일축했다.

심리학자 샤를 쿨레이Charles Cooley는 자존감을 "거울을 보는 것"에 비유했다. '그는 자신이 자기- 개념을 형성하기 위해서 다른 사람들이 자신을 생각하는 것을 이용하면서, 당신은 다른 사람들로부터 자신에게 반사되는 것에 의해, 당신 자신을 정의한다고 믿었다는 것이다.' 이것은 정신분석가, 정신과 의사 프로이트가 주장한 꿈의 발현으로, 염두에 두지 않을 수 없다. 꿈 분석이 자신-소원을 가장 잘 드러내 주는 가장 좋은 방법이듯이 거울을 보는 것 역시 정신분석학자 임진수가 말하는 〈소원-성취〉라는 유일한 개념에서 〈소원-실행〉이라는 개념으로 넘어가야 한다는 것에 다름 아니다. 소원 작업이 더 이상 상형적 가치를 가진 이미지로서가 아니라 소원의 표현과 실천 방식으로 규정될 때와 맞물려 있다고 볼 수 있다.

이와 같이 긍정 자존감은 언제 어디서나 예기치 않은 사건에 직면했을 때 극복할 힘의 원천이라고 할 수 있다. 어떻게 문제 선택을 할 것인가? 앞으로 어떻게 살 것인가? 방향키를 잡아야 함에 있어서 긍정 자존감이 큰 영향을 미친다는 사실 뿐 아니라, 분명히 현재도 과거에 영향을 끼친다는 사실을 알게 한다. 현재 지금-여기 이 순간에 긍정 자존감을 어떻게 활용하는가에 따라 삶은 변화와 수정, 또 다른 대체될 수 있는 것이다.

긍정 자존감의 기능과 효과

어떻게 사는 것이 자존감이 높은 삶인가? 좀 더 성숙하고 행복한 삶을 살려면 어떤 변화가 필요할까? 삶의 맥락과 조화를 이루는 방법을 이용하면 자신의 한계를 뛰어넘을 수 있을까? 이러한 물음은 인간의 삶에서 가장 기본적이고 중요하다. 인간의 높은 자존감은 인간의 내면에 뿌리 깊이 박혀 있는 인간의 본성과 직결되어 있다는 것은 동서고금을 막론하고 자존감이 얼마나 중요하게 여겨지는지를 단적으로 표현하고 있다. 이렇듯 자존감은 삶의 궁극적인 목표인 동시에 삶의 과정에서 끊임없이 자신의 정체성을 형성해 나가기 때문에, 자존감을 성장 동력을 일으키는 에너지로 전환하기 위해 추구하는 능동적 실태이다.

우리의 긍정은 우리가 행하는 것과 관련이 있다. 동시에 우리가 존재하는 것, 다시 말해 자존감과 밀접한 연관이 있는 것이다. 건강 옹호자인 나네테 버튼 몬젤루조Nanette Burton Mongelluzzo는 자존감에는 세 가지 중요한 요소가 있다고 설파한다. 우선 건강한 양육이다. 그다음으로는 모든 건강한 관계에 적용된다. 마지막으로 자신과의 관계에도 적용된다. 이렇듯 긍정 자존감은 자신이 경험하고 느끼는 것을 긍정적으로 느낄 수 있는 능력이다. 이는 개인이 사실과 생각하는 것을 표현할 수 있는 능력을 포함한다. 긍정 자존감은 개인이 행한 또는 성취된 어떤 것 안에 있는 모든 활동과 같은 것들을 포함하는 것이다.

긍정 자존감은 자기-자신이 매 순간에 '행복한' 존재자가 되기 위하여 한순간을 또는 많은 순간을 새롭게 경험하게 한다. 예컨대 콘서트장에서 긴 줄을 오래 서서 기다리는 지루함 대신 앞뒤 낯모르는 사람일지라도 상냥히 먼저 말을 걸어 기다리는 시간을 즐거움으로 바꾸는, 길을 가다가 어깨를 부딪친 사람에게 미안해요, 라는 말과 함께 밝은 미소와 눈빛을 보내는, 저만치서 걸어가는 사람이 분명 아는 사람이라 냅다 쫓아가 반가운 나머지 어깨를 툭! 쳤을 때 아뿔싸, 전혀 다른 사람이 깜짝 놀라는 표정에 당황하지 않고 "제가 존경하는 분인 줄 알았어요."라며 실수를 기쁨으로 전환하는 수많은 순간 등, 우리는 자신을 새롭게 만드는 순간을 거듭 만날 필요가 있다. 긍정 자존감을 길러 여기에 인생을 맡길 수 있다는, 매일 새롭게 거듭나는 행복을 발견할 수 있다는 자신감을 우리에게 주기 때문이다. 낮은 자존감을 벗어던진 자리에 긍정 자존감으로 내면의 힘을 길러 풍요로운 삶을 살 수 있게 하는 데 그 효과가 있다고 할 수 있다.

이렇듯 인간의 긍정 자존감을 통한 삶의 방식은 긍정과 자존이 혼합된 것이다. 또한 이는 자신에 대한 이해와 타인을 대하는 자세에서 비롯되는 것이다. 덧붙이면 긍정 자존감은 존재와 행위에 속해 있는 것들의 조화인 자신의 전체이다.

사례를 통한 긍정 자존감의 향상

1) 부모의 욕망에 짓눌리다-거울 속의 아버지!

사례자: 여, 54세, 사회복지사, 1남 8녀 중 7녀.

》》 직면과 전이의 공간

"나는 내가 없었어요. 아버지는 무척 엄격했었지요. 아버지는 해가 지면 밖에는 자식들에게 절대 못 나가게 했고 방과 후 어디에도 못 다니게 했어요. 이것도 하지 마라, 저것도 하지 마라며 내 마음대로 할 수 있는 것은 아무것도 없었어요. 늘 명령에 복종만 해야 했다니까요. 더욱이 아버지는 늘 딸들에게, "남자는 다 도둑놈이다!"라고 가슴에 못을 쾅, 쾅 박았다니까요. 결혼도 아버지의 친구 아들과 하게 되었어요. 내 나이 23살 때 부모님이 "총각이 있으니 한 번 만나 볼래?"해서 그 총각 집으로 간 그 자리가 바로 약혼식 자리였다니, 기가 턱 막히더라고요. 총각도 마음에 안 들고 부모의 명령에 따른 결혼은 더더욱 하기 싫어 먼 도시로 도망도 쳐 봤지만 피할 수 없어서 만난 지 3개월 후 강제 결혼을 하고 말았어요."

그녀는 과거의 상처에서 벗어나지 못하고 있다. 하지만 과거 기억 속의 낮은 자존감으로 인한 상황을 통해 자신의 상처를 직면하고 그때의 정서적 상태를 말로 풀어냄으로써 억압된 정서, 찢어져 아픈 가슴을 달랜다. 그리고 그때의 일들에 대한 이해와 자신을 스스로 더 옥죄고 있었다는 사실, 아버지가 세상을 떠난 지가 20여 년이 지났어도 아직도 아버지의 말씀에 묶여 있는 자신을 직시한다. 그녀 자신은 은유적으로 자신을 '돌덩이'라고 표현한다. 자기-자신을 잃어버린 수치심으로 무기력한 상태에서의 결혼 생활은 고통의 연속이었다. 그녀는 결국 결혼생활에 종지부를 찍은 상태였다. 그녀는 자신의 부정 자존감이 자신을 궁지로 몰아넣었다는 사실을 직시했다. 그러면서도 그녀는 자신의 딸이 사귀는 남자를 집으로 세 번씩이나 불러 헤어지라고 강요했다. 아니 헤어지게 했다. 타자(부모)의 욕망에 짓눌려 주눅이 든 그녀는 그것이 다른 사람에게 고스란히 전이되었다는 사실을 직면한다. 그녀는 아버지가 그녀에게 그러하였듯이 평생 거울을 보되 자기-자신을 보는 것이 아니라 아버지를 보고 있는 부정 자존감에 갇혀 있는 자신이 있다는 것임을 알아차리게 된다.

》》 통찰과 희망의 공간

그녀는 긍정 자존감 향상을 위한 프로그램을 통해 우선으로 긍정 낱말을 사용하기 시작했다. 늘 자신의 삶을 표현하지 않고 타인들의 이야기를 끊임없이 늘어놓기 일쑤였다. 그녀는 자신을 부정 언어의 감옥에 가두어 둔 것이다. 학창 시절 아버지에 반항하다가 혹독한 처벌을 받은 뒤 그녀는 자신의 이야기를 하는 데 있어 좀처럼 말문을 열지 않았다. 그러던 그녀는 자신의 억눌린 감정의 뿌리가 어디에서부터 시작되었는지, 자신의 부정 자존감이 자신의 삶을 어떤 방향으로 나아가게 했는지를 3년간 긍정 언어 사용, 긍정 자존감을 키워 나가는 언어 훈습을 통해 자신의 문제를 통찰해 나가기 시작했다. 그녀 본인의 말처럼 '돌덩이'였던 그녀의 가슴속에 비로소 물길이 열리기 시작한 것이다. 바로 긍정 자존감이 향상되어 감으로써 그녀의 삶은 변해 갔다. 그녀는 봉사 정신 강점을 발휘하여 이웃에 대한 봉사, 환자 돌보미 등 자기 삶의 방향을 당당히 헤쳐 나가기 시작했고, 마침내 늦깎이로 사회복지사가 되었다. 그녀는 말한다. "나는 바람이다!"

chapter 2

긍정 자존감의 첫걸음

자신의 자아 파악하기

자기암시

자신의 자아 파악하기

무슨 일을 하긴 해야겠는데 도무지 어떻게 해야 할 줄 몰라 불안한가? 사람들 앞에 나서야 하는데 생각하기도 싫은 일이 눈앞에 다가오고 있는가? 직장에서 사활이 걸린 일을 협상하기 위해 상대 직장의 실력자에게 동기유발을 어떻게 할 것인가? 이런 일들을 거추장스럽게 옆구리에 끼고 다닐 수는 없다. 우선 할 일들을 진척시키려면 동기유발의 분명함이 있어야 한다. 아울러 무엇보다 자신이 하고자 하는 일에 간절함과 자신감, 그리고 확신이 담겨 있어야 한다.

긍정 자존감 높은 사람의 비결은 우리에게 신뢰할 요소를 부여해 주고 행동에도 신뢰성이 따르기 때문이다. 이런 면에서 긍정 자존감이 낮은 사람들의 모습은 어떠한가? 부정적인 성향이 있다. 좋은 것을 봐도 좋게 보지를 않고 만사를 삐딱하게, 비꼰다. 어깨를 축 늘어뜨린 채 고개를 숙여 걷는다든지, 피죽 한 그릇 못 먹은 사람처럼 목소리가 기어들어 간다든지 하는 사람 말이다. 이런 사람들의 표정이나 자세, 목소리는 긍정 자존감을 향상시킬 수 있는 잠재력과 가능성이 충분히 열려 있으며, 이들에게는 모든 일들을 상대에 맞추지 않고 자신에게 맞추는 일이 매우 중요하다.

이쯤이면 아마 이런 질문도 가능할 것이다. "아파서 그럴 수 있고, 고민이나 걱정거리 혹은 기분이 나빠서 그럴 수도 있지 않은가?" 물론 우리가 이야기하는 부분도 중요하며 당연히 다룰 부분이다. 이런 것들이 정말 자존감을 향상시키는 데 중요한 역할을 한다. 이것을 명심한 뒤 자신의 현실 인식, 즉 현존을 파악하는 것이 긍정 자존감을 향상시키는 가장 빠른 지름길이다. 어떤 공격이든 막아낼 수 있는 당당한 자세는 그만큼 중요하다.

이 경우 인간은 본질적으로 자신의 존재 개현의 중요성을 느끼게 된다. 철학자 하이데거는 '현존재' 개념을 창시했다. 현존재 개념이란 인간의 자기실현은 언제나 타인 혹은 세계와의 관계에서 그들의 실현과 함께 일어난다는 것이다. 이런 의미에서 인간 자신의 현존재는 '세계 내의 존재 In-der-Wert-sein'라고도 한, 스위스 정신과 의사이자 현존재분석가인 메다드 보스Medard Boss는 《정신분석과 현존재분석》에서 '세계 내의 존재'가 공존재의 본디 모습이라고 한다.

인간은 세계와의 관계에서 항상 이미 그의 기분의 조율성에 일치하여 그의 존재를 개현하고 있다. 그러기에 기분의 조율성은 인간의 본질적 특징이다. 현존재로서의 인간은 자신의 기분에 따라 열기도 하고 닫기도 한다. 이것은 현존재의 개현은 감정 혹은 기분과 더불어 일어남을 말한다. 인간 혹은 인간실존은 개현의 방식으로 이미 항상 처음부터 이런 혹은 저런 기분 상태로 조율되어 있다…….

인간은 물리적 공간에는 익숙하다. 공간은 우리가 활동할 수 있는 장소이다. 공간은 크기와 분위기 원근에 의해 결정된다. 인간은 이 물리적인 공간의 제한성 속에 갇혀 있다. 존재분석에 있어 인간의 본질은 실존함Existieren에 있다. 실존하는데 존재란 말은 그대로 '거(여)기에 있음' 혹은 '거(여)기 임'이다. 그러나 공간으로서의 '거(여)기'는 어떤 특정한 지점이나 장소를 가리키는 것이 아니라 개현 혹은 조명의 뜻이었다고 한다.

그러므로 현존재의 공간은 인간 삶을 충족할 수 있게 하는 총체적 욕망 구현의 공간이다. 그의 세계와의 관계에서 얼마만큼 그 세계에 대해 자신을 열고 있는가에 의해 결정된다. 예컨대 메다드 보스는, 하이데거가 말한 인간의 불안은 기본적인 불안의 조율성으로 현존재의 탁월한 존재 개현성을 나타낸다고 한다. 존재 개현이란? 타존재와의 관계에서 자신의 존재가 드러나고 그것과 일치하여 타존재자의 관계가 드러나는 것을 말한다. 이 존재 발현(發現)은 혼자

서는 일어날 수 없고 언제나 관계 속에서만 일어남을 가리킨다. 그가 불안을 하나의 탁월한 존재 개현성으로 보는 것은, 현존재는 그런 불안 속에서 자기 자신에게로 되돌아올 수 있기 때문에 그 시점 파악을 잘해야 한다.

그렇다면 인간의 불안은 근본적으로 무엇에 대한 불안인가? 자신의 존재 가능성 혹은 삶의 가능성을 발휘하지 못하고 있는 데 대한 불안이다. 그러므로 불안은 자기실현의 동력이 된다. 자기를 실현함이란 자기 실존이다. 인간은 자신의 존재 가능성을 실현하지 못하면 불안은 그만큼 커질 수밖에 없다는 것이다. 따라서 현 존재에서의 '시점 파악'은 긍정 자존감을 향상시키고자 하는 주체에게 중요할 뿐 아니라 매우 의미 있는 공간이다.

자기암시

자기암시는 자신의 세계를 향하여 실존한다. 이것은 심상의 개념과 유사하다. 심상은 무의식을 가정하지 않을 수 없다. 이 가정들을 인정할 수 없는 정신 내부의 어둠 속, 즉 무의식 속에 둬야만 했던 것은 놀라운 일이 아니다. 프로이트는 현존재 분석적 인간 이해의 중요한 영역을 파악했다. 자기암시는 우리들 속에 외부세계에 대한 대상의 표상을 갖는다는 만큼이나 중요한 의미를 지닌다.

이것은 인간 이해의 기초 위에서 정신적 활동의 소위 합리적인 측면을 파악할 수 있다. 우리에게 중요한 결과를 가져다줄 이 자기암시를 취하면 거의 불가피하게 그런 결론에 도달하게 된다는 것을 바로 프로이트가 했다. 자기 자신은 끊임없이 무의식을 탐구하면서 숨겨진 것으로 향한, 은폐 그 자체를 향한 도상에 있다. 은폐와 어둠이 없이는 인간은 세계를 개현할 존재일 수 없다는 것이다. 빛과 어둠, 은폐와 개현은 분리될 수 없다는 것을 프로이트는 간파했던 것이다.

자기암시는 무의식에서 비롯된다. 무의식은 인간 마음의 "불멸의" 힘들을 갖고 있으며, 무의식은 "진정한 정신적 현실"이라고 프로이트 자신은 말했다. 그는 감추어진 것을 감추어진 채로 있게 할 수 없었다. 그는 감추어진 것을 빛으로 끌어내어 사용할 수 있게 하기 위하여 주관주의적, 심리주의적 대상들을 의식화할 필요가 있다는 것을 알았다.

> 무의식에 오랫동안 억압되어 있었던 기억들과 그 기억들로부터 파생된 것들은 우회적인 통로에 의해 겉으로 보기에는 무의미하게 보이는 심상들의 형태로 나타났다.

프로이트는 "모든 꿈은 의미를 갖고 있고, 거의 깨어 있는 삶의 정신적 활동의 어떤 지점에 삽입될 수 있는 정신적인 구조이다."라고 했다. 이는 1961년 세미나 내내 플라톤의《향연》을 읽은 라캉이 주장하기 시작한 〈욕망하는 자의 은유〉와 맞물려 있는 것에 다름 아니다. 자기 암시에서 욕망하는 자의 은유는, 그것이 은유로서 대체되는 것, 다시 말해 욕망되는 자를 연루시킨다고 정신분석자 임진수는《소원, 욕망, 사랑》에서 밝혔다.

> 욕망되는 자는 우선 타자의 욕망에 의해 욕망되는 자이고, 이차적으로는 주체가 욕망하는 자가 되었을 때 욕망하는 타자, 즉 주체의 욕망에 의해 욕망되는 자를 가리킨다……. 즉 주체의 욕망은 타자의 욕망에 의해 〈욕망되기를 욕망하는 것〉이다. 그렇다면 무엇을 욕망하는가? …… 욕망은 결핍 그 자체로, 그러한 질문이 떠오르는 자체가 이미 결핍의 작용이다. 그리고 욕망이 결핍이기 때문에 타자에 의해 〈욕망될 수 있는 것〉을 소유하고 있는 자로 욕망되기를 욕망하는 것이다.

달리 말하면, 인지신경과학자들은 정서와 관련된 많은 욕망은 의식 밖에서 일어난다고 한다. 우리는 경험한 감정을 어떻게 기술하기는 하지만 그러한 감정이 어떻게 만들어졌는지는 인식하지 못한다. 그런데도 우리 대부분은 의식적이며 정신적인 노력이 긍정 정서를 생성하거나 강화한다는 역할을 할 수 있다는 것을 알고 있다.

인간의 편도체는 정서적인 사건들을 기억하는 데 중요한 역할을 한다Labar &Cabeza, 2006. 정상적으로는 사건이나 경험과 연합된 정서적 강도가 크면 클수록 더 잘 기억되며, 이런 현상을 기억증진 효과라고 부른다. 그러므로 우리 마음이 우리의 신체 상태를 어떤 식으로 표상할 수 있다는 것은 사실이다. 이를테면 눈을 자주 깜빡거리는 것을 지각할 수 있기 때문에 당신은 불안해한다고 말할 수 있을 것이다.

분명한 것은 게임중독이나 마약, 약물 복용 등으로 뇌의 앞쪽 피질이 손상되면 무감동, 부주의, 정서적 불안정성, 성격과 사회적 상호작용의 변화 등을 포함하는 다양한 정서적 후유증을 낳을 수 있다는 것이다.

반면, 정서의 중요한 한 측면은 자기 암시를 통해 뇌 기능을 활성화할 수 있다는 것이다. 상사에게 부당한 말을 듣고 분노를 억누른 날, 자기암시로 기분을 전환시켰다면 당신은 정서조절을 한 것이다. 정서조절이란 감정을 적절하고 통제 불능 상태가 되지 않도록 자신이 경험하는 정서를 조절하는 것이다. 정서를 조절하는 많은 전략은 의식적이고 무의식적인 노력이지만 무의식 수준에서도 정서 조절은 발생한다.

그런 전략은 지각된 통증을 감소시키는 경향이 있다. 뇌 영역들은 통증을 부호화하는 영역들(통제의 목표)에 어떻게 영향을 미치는가? 이런 쟁점을 연구한 칼리슈드크Kalischdhk와 그의 동료 등(2005)은 참여자들에게 고통스러운 쇼크가 곧 전달될 '특별한 장소'에 있다는 상상을 하도록 지시하였다. 그들은 특별한 장소에 있다고 상상한 것이니만큼 실제로 통증을 느끼게 되었다. 그들은 아무런 정서적 조절을 하도록 지시하지 않는 참여자들에 비해 뇌의 활동이 감소하였다.

인간이든 동물이든 얼굴 근육은 뇌의 다양한 운동 체계에 의해서 통제되고 있는 뇌신경으로부터 입력을 받으면 비로소 움직이게 된다고 한다. 얼굴 표정에 대한 지각과 마찬가지로 얼굴 표정을 만드는 것도 주로 우반구의 통제를 받는다는 것이다. 우반구가 손상된(게임중독, 알코올, 마약 등으로 인해) 사람들이 좌반구가 손상된 사람들보다 덜 표현된다는 사실이 발견되었다고 한다. 왼쪽 얼굴을 합성하면, 오른쪽 얼굴을 합성한 것보다 얼굴 표정이 더 풍부해진다는 것이다. 짧은 꼬리 원숭이와 침팬지와 같은 비인간 영장류들도 또한 왼쪽 얼굴에 더 극적인 얼굴 표정을 나타낸다는 것이다.

우선 거울을 들여다보자. 그러고는 자신의 비대칭 얼굴을 살펴보자. 그리고 거울을 보면서 미래의 자신의 모습을 떠올리며 자기 스스로 암시를 하자. 원하는 모습이나 머릿속에 떠오르는 이미지를 소리 내어 말을 해 보자. 천천히. 이때 시각과 청각은 뇌를 자극하여 암시를 강화한다. 이때 떠오르는 심상을 그림으로 표현하는 방법이 있고, 한 문장의 글로 표현하는 방법이 있다. 그리고 자기암시를 할 경우 긍정 언어를 쓰되 현재형 말을 사용하는 것이 더욱 효과적이다. 혼자 중얼거리는 것도 상당한 효과를 거둘 수 있다.

1. 나는 누구인가? 한 문장으로 적기

1) ______________________________

2) ______________________________

3) ______________________________

2. 나의 가치는 무엇을 추구하는가?

1) ______________________________

2) ______________________________

3) ______________________________

3. 나는 무엇을 성취하고자 하는가?

1) 5년 후 ______________________________

2) 10년 후 ______________________________

3) 15년 후 ______________________________

4. 나를 설명할 수 있는 슬로건을 내세우고 큰 소리로 다섯 번 외친다.

ex) 나는 3개월 내 3kg을 감량한다!

1) ______________________________

2) ______________________________

3) ______________________________

5. 나는 어떤 소망을 이룰 것인가?

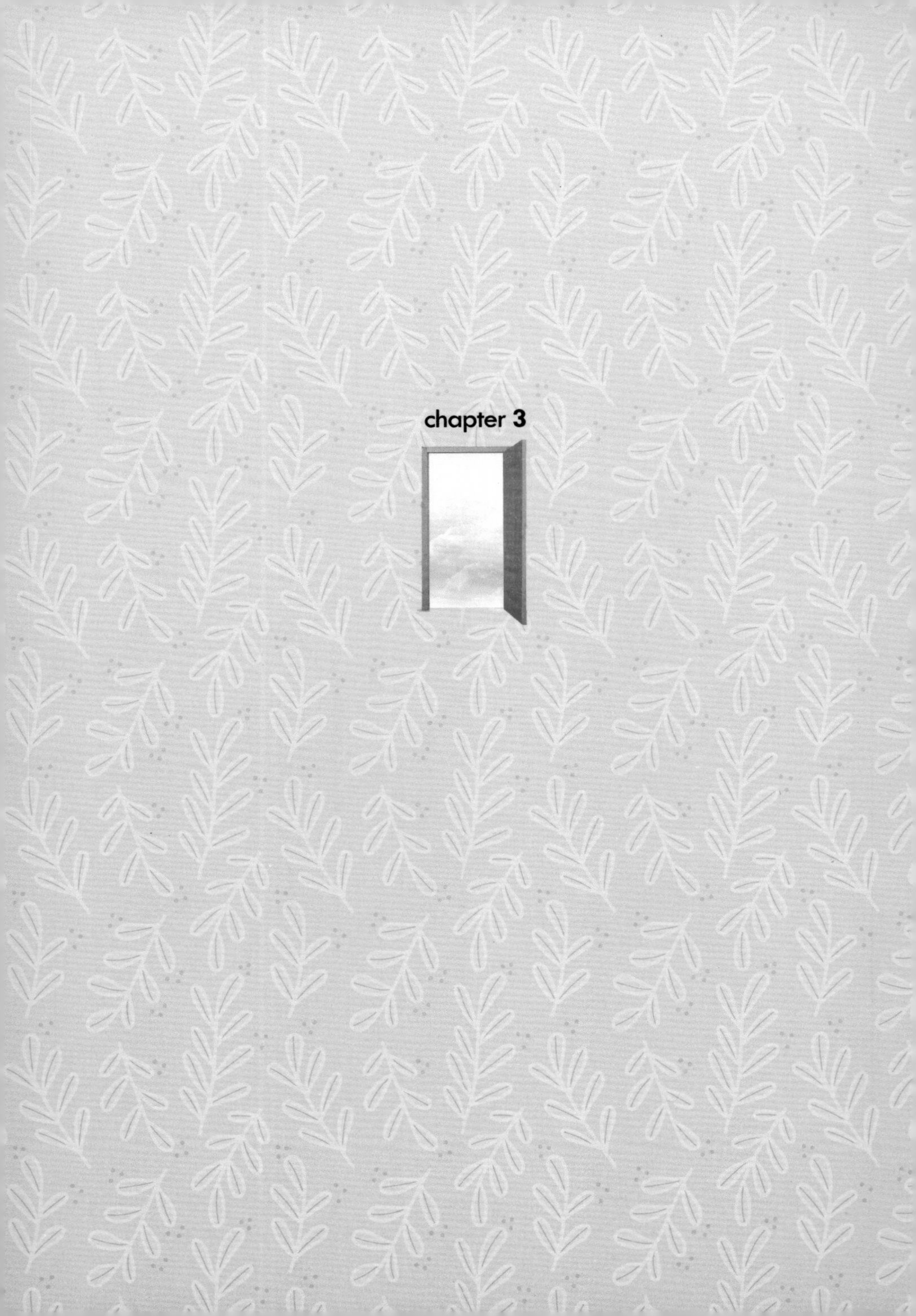

chapter 3

긍정의 정서를 통한 긍정 자존감

긍정의 정서가 가지는 힘

사람이 긍정적 정서 없이 하루를 살 수 있을까? 긍정 정서는 우리의 인생에 활력을 가져오기도 하고 새로운 삶을 하는 동력이 되기도 한다. 반면, 부정적 정서는 삶의 의욕을 저하시키기도 하고 파괴적인 성향을 나타기도 한다.정서는 우리의 모든 사고의 결정, 타인과의 상호작용 등 모든 측면에 스며들기 때문이다.

정서는 생리적인 변화를 종종 포함한다. 열정이나 감수성의 동요뿐 아니라 의식적이면서 정신적인 노력으로라기보다는 주관적으로 발생한다고 신경과학자들은 밝힌다. 기쁨, 슬픔, 존경, 미움, 사랑과 같은 강렬한 감정이 바로 그것이다. 정말로 정서와 연관되어 있는 많은 과정은 의식적인 자각 밖에서 일어난다는 것이다. 우리는 그러한 것이 어떻게 만들어져 나오는지에 대해서는 잘 알지 못한다. 그런데도 우리 대부분은 의식적인 노력이 긍정적 정서를 생성하거나 유지하는 역할을 할 수 있다는 것을 알고 있다.

신체의 말초에서 생리적 변화가 정서에 중요한 역할을 한다. 정서적 경험은 심박률, 혈압, 체온과 피부전도 반응(심장 두근거림, 식은땀 등)의 변화와 연관이 있다고 한다. 이것은 경험에 기여한다. 우리는 경험 안에 존재하기 때문이다. 경험에 존재하는 것에 대한 애착과 관심, 그리고 욕망으로부터 해방되려는 어떤 의식적 노력 없이는 내적 평화를 얻기 어렵다고 생각한다. 이는 두뇌 영역 중 일부는 두려움이나 즐거움과 같은 특정 정서에 관련되기에 그렇다. 다른 영역들은 얼굴 표정에서 정서에 재인하거나 정서와 인지 과정을 통합하는 것과 같은 특정 과정들과 관련이 된다는 것이다.

우리는 우리가 즐기는 모든 범위의 정서적 경험과 능력이 가능하도록 뇌 영역들이 어떻게 조화롭게 작용하는지를 이해하려고 노력해야 한다. 예를 들어, 공포증을 지닌 사람들은 그들이 무서워하는 대상(거미, 바퀴벌레)에 노출되었을 때 편도체가 활성화된다. 그러므로 심박률이 증가하거나 등골에 식은땀이 흐르는 것과 같은 신체적 변화를 흔히 가져온다. 심장, 폐, 땀샘 같은 신체 기관들과 접촉하는 자율신경계의 교감신경이 활성화되면 심박률, 혈압, 호흡 및 땀 분비가 증가한다.

오늘날 많은 사람이 바쁘게 살아가는 습관적 일상은 어떠한가?

게임, 일 중독, 운동 중독, 흡연, 음주 등으로 각박한 현실의 삶으로부터 도피하려는 사람들이 흔히 있다. 담배를 피우고 싶으면 언제든지 담뱃불을 붙이는 사람, 자극을 받으면 언제나 호기심과 관능을 만족시키는 사람, 기분이 좋아지면 정신없이 주책을 부리면서 화를 내고 소리를 지르며 싸우는 사람들은 건전하고 성실한 인생을 살 수 없다. 이들이 만족하는 삶을 산다고 장담할 수 있을까? 그렇지 않다. 아무도 이런 사람들을 자유로운 사람들이라고 생각할 수 없다. 그들의 마음과 의지는 전적으로 그 자신의 것이 아니다. 그들은 자기 욕망의 지배를 받고 있는 것이다.

인간은 자기 욕망을 매개로 해서 자기 자신의 욕망을 채워 주는 것들의 통제를 받는다. 예를 들어 게임이 아니면 다른 도박을 할 수 있기 때문에 이런 사람들은 자신에게 선택의 자유가 있다고 스스로 착각한다. 사실은 포악한 자기 습관의 충직한 종일 따름이다. 이것이 세심한 강박증이 되어 그러한 강박증 없이는 정말 살아 있는지, 자기의 인생을 정말 잘살고 있는지를 깨닫지 못하는 것이다. 다시 말해 자제력이 약한 탓에 충동이 자기를 진정한 인격의 환영으로 축소할 때에 그것이 자신의 실체라고 자신을 속인다는 사실을 모른다는 것이다.

따라서 어떤 욕망에서 벗어나기 위해서 도망 다닌다면 진정한 자신을 찾기 어렵다. 욕망을 즐기기 때문에 욕망에 사로잡혀 욕망을 찾아다니게 되면 저속하고 실속이 없는 삶을 살게 될 것이다. 타고난 욕망을 통제하기란 여간 어려운 일이 아니다. 무절제한 만족은 내적인 모든 빛으로부터 완전히 눈멀게 하기 때문이다. 불행하게도 자신에 대한 연민의 마음도 가질 수 없으며 참자유의 참뜻을 깨닫지 못하게 되는 것이다.

반면, 자신에 대한 이해와 사랑에 대한 적극적 노력의 단계로 나아가는 사람들은 자연스러우리만큼 내적으로 자유를 얻게 될 것이다. 일반적으로 중요한 측면은 긍정 정서를 통한 긍정 자존감을 기초로 한다. 긍정 자존감은 모든 것을 다 이룰 수 있는 도깨비방망이 같은 그런 것이 아니라, 정말로 진정한 자신의 평화와 기쁨의 원천이라는 것을 알기 때문이다. 이들은 욕구에 대한 병적인 쾌감은 자신의 내적 사랑과 평화를 얻는 데에 전혀 도움이 되지 않는다는 사실을 인정한다. 자제력은 바람직할 뿐 아니라, 무절제하게 빠져드는 것이야말로 흔히 범하는 가장 불행한 약점 중 하나라는 점도 안다. 그래서 이들은 긍정 정서를 통해 바라보는 세상의 아름다움을 즐기기 위해 보다 높은 긍정 자존감을 요구한다.

뇌의 편도체는 정서적 정보를 조기에 탐지하고 정보의 정서적 중요성을 학습하는 데 중요한 역할을 한다고 한다. 뇌의 영역은 자율신경계의 반응과 호르몬 반응에 관여하는 시상하부 등의 뇌 영역들과 연결함으로써 이 반응들에 대한 정서적 조절이 가능하도록 한다는 것이다. 앞에서 언급했듯이 정서는 의식적인 자극 밖에서 일어난다. 그래서 명상(독서, 음악 감상, 미술 감상 등), 기도 등을 통해 욕구를 이겨내는 자기 훈련이 필요하다. 마음의 탄력성을 키워서 풍요로운 삶을 누릴 수 있는 안목을 겸비해야 할 것이다. 긍정 정서를 통한 긍정 자존감의 가치의 중요성도 일깨워 존재의 발견과 놀라움을 즐길 수 있도록 해야 할 것이다.

우리는 우리 외견상의 사건들에 의해 숨어 있는, 조직화된 자신의 패턴이 출현한다는 사실에 주목해 볼 필요가 있다. 그 패턴은 무한한 우리의 지각에 의한 신호에도 불구하고 그것을 알아차리기 어려울 수밖에 없다. 그 의식은 우리가 사용하는 언어와 행동에 대단히 포괄적인 어떤 것으로서 우리 존재에 포함되어 다시 말해 우리가 사용하는 언어와 몸짓 하나하나는 결국 더 큰 전체의 일부라는 사실임을 보증한다. 긍정 자존감은 고향을 사는 일이다. 지금 이 순간으로 돌아오지 않는다면, 어떻게 아름다운 자신과 접할 수 있겠는가. 미래를 만드는 것도 지금 이 순간을 돌아보는 것이다. 거울 속에 비친 세계와 항상 진실되게 하는 데 있다. 그것은 우리의 유일한 삶의 길이다. 우리를 새롭게 재구성할 수 있는 그 자체인 것이다.

우리를 재구성할 수 있는 긍정 정서는 그 방대함과 미묘함이 이를 데 없다. 그것은 우리의 의식을 구성하는 강력한 어떤 힘, 즉 의식에 내장된 에너지에 의해 변화무쌍한 상호작용을 반영하기 때문이다. 따라서 우리 개인은 자신만의 자기다움을 발견하기 위해, 변화하는 삶의 그림자를 샅샅이 낱낱이 살펴봐야 한다. 이것은 끝이 없는 욕구 갈망에 따른 것이다. 인간은 자신의 정신적 구조로 말미암아 그런 욕구 갈망을 선택할 수 있다. 또한 우리 모두가 자기다움의 진실을 자가증명하는 일이고, 자기확증과 관련된다고 할 수도 있다. 긍정 정서는 우리의 진실 자체를 규명하는 것과 다르지 않다. 우리는 일상생활에서 '나'라고 알고 있는 의식의 영역 너머에 우리는 낯선 '나'라는 새로운 존재자를 만난다. 그 존재자는 '나'의 생각과 패턴들과 형상들을 만들어 내고 정의한다. 그런 것들은 세상에 그대로 투사된다. 그럴 수 있는 까닭은 '나'가 이미 '거기' 있기 때문이다. 그래서 우리는 매순간 변화의 삶을 살 수 있다.

낯선 세계의 창조

낯선 세계는 환희를 창조한다. 보는 사람 누구에게나 낯선 세계는 환희이고, 경이 그 자체다. 낯선 세계는 기쁨을 누리는 곳이고, 또 전 우주를 품에 안은 듯 환희에 가득 차 있다. 이 세계가 우리에게 자신의 모든 것을 내어 주는 데에서 진정한 기쁨을 누릴 것이며, 우리 또한 그것의 진정한 기쁨을 맛보러 이 세상에 온 것이다. 세계나 우리는 서로의 기쁨, 사랑, 그리고 평화가 되는 것 외에는 아무것도 추구할 것이 없을 정도로 연관성이 있다. 사실 우리가 이 세상에 태어났을 때, 그 사람이 결국에는 돌아갈 때와 장소를 명확히 알고 태어난 게 아니다. 우리가 세계를 즐기기 위해 세계가 창조되고, 그것은 우리가 우리 개인의 자질과 능력을 드러낼 기회를 주기 위해서인 것이나 거의 다름없다.

처음 대하는 모든 낯선 세계는 우리의 정서적 인식에 따라 다양해진다. 마치 모든 것은 어떻게 생각하면 모두 우리 인간을 위해서 존재하는 것처럼 말이다. 그렇기 때문에 낯선 세계를 접하는 사람들의 심신은 무엇보다도 무지갯빛에 눈길이 머물고 있음과 별반 다르지 않다고 할 수 있다. 낯선 세계는 아직도 보여줄 게 많은지 나뭇가지를 늘리고, 맑은 가을 볕살에 빨갛게 익은 과일들을 매달아 우리의 시선을 잡아당긴다. 도저히 우리가 피할 수 없게 하기도 한다. 아름다운 것을 아무리 보아도 또 보고 싶은 심리는 어찌할 수 없기 때문에 우리는 그것을 봄날부터 기다려왔는지도 모른다.

이것이 낯선 세계의 주된 특징이다. 낯선 세계에는 모든 것이 다 존재하는 듯 보이지만, 참 자아는 그곳에 존재하지 않는다. 참 자아란, 즉 자기의 현존이 드러나는 방식이다.

낯선 세계는 안전하든 아니면 불안을 지키든 어떤 이유에서든 참 자아를 발견할 수 있고 행복을 추구할 수 있는 공간을 제공해준다. 이런 것을 받아들이고 즐기는 사람은 인생이란 일종의 최면과 같다는 생각을 가질 수도 있다. 즐거움, 기쁨, 환희, 희열 등은 우울, 슬픔, 좌절, 절망 등에 대한 개념들은 뒤엎을 힘을 지니고 있다. 즐거움, 기쁨, 환희, 희열 등 긍정 정서는 우울, 슬픔, 좌절, 절망 등과 같은 부정 정서, 그것들로는 형언할 수 없는 입맛을 느끼게 하는 것들이다.

그것은 아마 많은 사람이 블랙홀로 떨어져도 이 긍정 정서를 통해 이를 피해 갈 수 있다고 생각하면서 잠재적인 위안을 받기 때문인 것 같다. 그렇다면 그들은 블랙홀에 떨어지지 않는다는 사실을 어떻게 알까? 이런 모든 생각은 모든 사람에게 해당하지만 긍정 정서는 자신들만은 "제외된다!"는 위안 외에 어떤 뚜렷한 이유도 그들은 댈 수가 없을 것이다. 이런 자기만족을 필자는 긍정 자존감이라고 말한다. 다시 말해 긍정 자존감은 긍정 정서에서 시작한다. 그러고는 그것을 다른 모양으로 조작한다. 이것이 이른바 사람들이 갖는 '구원'이란 신념의 요소라고 할 수 있다. 그 어떤 부정적 정서도 긍정적 정서로 바꿀 수 있는 것은 개인의 노력과 능력의 여하에 달려 있다. 모든 정서는 행복의 씨앗이다.

그런데 부정적 정서는 실제로 극복 못 할 것이 없다. 우리는 본성적으로 우리가 좋아하는 것을 하려는 경향이 있다는 것을 안다. 여기에서부터 우리는 모든 본능적 성향은 죄악이 아니며, 우리의 본성에 내재한 부정적 요소들도 그 자체로 죄악이라는 논리를 펼칠 수는 없다. 즉, 필요악이란 불가피한 것이며 아무도 그 죄악을 피할 수 없다는 결론으로 이끈다.

낯선 세계는 실제로 또 진정으로 낯익은 세계로 완성된다. 하지만 그것은 더 이상 환희가 아니며 퇴보의 길이다. 낯익은 모든 것은 타오르는 불도 삼켜 버린다. 낯섦과 낯익음은 이런 것으로 서로의 존재가 된다. 이런 세계를 사는 우리는 그 속에서 사소한 무언가를 볼 경우 발견에 대한 자축을 벌이며 기뻐해야 한다. 우리는 낯선 세계를 창조함으로써 그 기쁨을 고스란히 누릴 수 있는 것이다. 따라서 우리는 다른 사람들이 낯선 세계에 대한 무서움이나 두려움을 가지지 않도록 세심한 주의를 해야 한다. 우리는 미래의 낯선 세계를 창조해야 한다. 그 세계 속에서 베푸는 자비를 인식하고 잘 받아들여야 진정 가치 있는 삶을 사는 것이다.

우리는 일상생활 속에서 낯선 세계를 충분히 감별할 수 있다. 이 감별은 콜럼버스가 신대륙을 발견한 것처럼 개인 모두의 대발견과 마찬가지일 수 있다. 이 감별은 이 책에서 기술하는 언어를 잘 파악함으로써 식별할 수 있다. 이것은 개인의 긍정 자존감을 향상시키는 데 유익하다. 우리의 신경계는 소리에 의해 절묘하게 반응한다. 긍정 정서와 비교하면 부정 정서는 우리 내면에 이미 상처로 자리 잡을 수 있어 오래 머물 수 있을 뿐만 아니라 평생 그것은 지워지지 않는 천둥소리로 남아 아드레날린의 분비 증대를 가져올 수 있다.

우리의 부정적 정서는 지각에서 일어나며 그와 동시에 아드레날린이 분비된다는 사실이다. 부정적 정서를 일으키는 원인은 지각의 장에서 이미 벌써 일어났다. 그것들을 우리는 이제 낱낱이 자세히 살펴봐야 한다. 그리고 우리는 긍정과 부정의 의식 그 자체이다. 그 둘은 분리될 수는 없지만, 우리의 의식적 노력으로 우리는 긍정 정서로 변화할 수 있다는 데 의의를 가져본다. 나열된 낱말을 찾아봄으로써 자신의 정서를 감별해 볼 수 있다. 우리는 인디언 추장의 지혜를 통해 우리의 긍정 정서를 활성화할 수 있다. 엔도르핀 분비를 증가시킬 것인가? 아드레날린 분비가 증가하길 원하는가? 다음의 글을 살펴보자.

인디언의 추장의 지혜

어느 늙은 인디언 추장이 자기 손자에게 자신의 내면에 일어나고 있는 큰 싸움에 관하여 이야기하고 있었다. 이 싸움은 또한 어린 손자의 마음속에도 일어나고 있다고 했다. 추장은 궁금해하는 손자에게 설명했다.
"얘야, 우리 모두의 속에서 이 싸움이 일어나고 있단다. 두 늑대 사이의 싸움이란다."
한 마리는 악한 늑대로서 그놈이 가진 것은 화, 질투, 슬픔, 후회, 탐욕, 거만, 자기동정, 죄의식. 희한, 열등감, 거짓, 자만심, 우월감 그리고 이기심이란다.
또 다른 한 마리는 좋은 늑대인데 그가 가진 것들은 기쁨, 평안, 사랑, 소망, 인내심, 평온함, 겸손, 친절, 동정심, 아량, 진실, 그리고 믿음이란다. 손자가 추장에게 물었다. 어떤 늑대가 이기나요? 추장은 간단하게 답하였다. 내가 먹이를 주는 놈이 이기지. 이 간단한 이야기 뒤에 숨은 교훈 다섯 가지가 있다.

첫째, 생각을 조심하라 그것이 너의 말이 된다.
둘째, 말을 조심하라 그것이 너의 행동이 된다.
셋째, 행동을 조심하라 그것이 너의 습관이 된다.
넷째, 습관을 조심하라 그것이 너의 인격이 된다.
마지막으로 인격을 조심하라. 그것이 너의 운명이 되리라.

이 이야기는 우리 자신의 문제에 대해, 심신의 건강에 대해 긍정적인 영향을 도모할 수 있도록 해 준다. 우리는 미처 알지 못했던, 알고 있되 까맣게 잊고 있던, 바쁜 일상에 미처 의식하지 못했던 문제를 직접 재구성해 봄으로써 우리 개개인의 문제를 새로운 관점에서 다른 의미를 만들 수 있다. 긍정 정서 훈련은 스토리 기법을 재구성하는 일이며 그것을 편집하는 과정에서 그 효과는 탁월하다는 것을 스스로 알 수 있을 것이다.

긍정 정서를 향상시키기 위해서는 어떤 언어구사를 해야 하는지를 살펴보자.

데이비드 호킨스David Hawkins는 의식 상승을 일으킬 수 있는 긍정 패턴 언어와 부정 패턴 언어를 측정했다. 왼쪽은 강한 긍정적 언어이고 오른쪽은 약한 부정적 패턴인데 이 글을 읽기만 해도 우리는 다른 사람이 된다고 한다. 마더 테레사가 상찬한 세계적인 영적 지도자 데이비드 호킨스 그가 하는 말, 양극단 사이의 차이를 구별하면서 긍정의 힘을 키워 보자.

감사하는–빛진
의식하는–알아채지 못하는
의지하는–의존하는
익살스러운–침울한
자비로운–응석을 부리는
자신 있는–오만한
자유로운–규제받는
장려하는–선전하는
정돈된–혼란스러운
정신 차리고 있는–정신 팔린
주는–빼앗는
초대하는–재촉하는
치유하는–덧내는

유순한–심술궂은
윤리적인–태도가 모호한
이끄는–강제하는
자발적인–충동적인
자선을 베푸는–방탕한
자연적인–인위적인
장기적–즉각적
재능 있는–운 좋은
정신이 맑은–취한
존재하는–소유하는
조화로운–분리시키는
찬양하는–치켜세우는
태평스러운–경박한

특별히 허락받은–자격이 있는	평등주의자–엘리트주의자
풍부한–과잉한	하는–얻는
흡족한–넌더리가 나는	헌신적인–소유욕이 강한
주의 깊은–의심 많은	책임지는–죄책감에 빠진

어떤가? 우리는 안에 어떤 언어가 뿌리내리고 있는가? 우리가 어떤 긍정 정서를 상승시키는 데 관심을 기울였는가? 우리는 결국 우리가 만든 혹은 우리도 모르게 이미 내장된 언어의 뿌리를 어떻게 가꿀 것인가에 따라 삶의 방향은 분명히 달라질 것이다. 우리의 자유를 가능하게 하는 건 누구일까 하는 질문을 스스로 해 볼 수 있다. 우리 안에 숨죽이고 기다리고 있는 긍정 정서에 날개를 달아 주는 일은 자신에 대한 겸손한 자세이다. 자신에게 겸손한 자세는 개인은 물론 사회 인류에게 영향을 미친다.

겸손한 마음 가지기

우리는 자신을 태워 버릴 수 있는 불과 같은 겸손을 행할 수 있다. 그래서 세상 안에서 자신의 존재를 발견하고 성장시키는 것도 중요하겠지만 자신을 낮추는 일을 위해 노력해야 한다. 세상 안에서 우리는 모두 '서로의 존재자'로서 충만한 삶을 추구하려 하기 때문이다.

수도자들이 다 성인이 아니듯 우리는 진정한 자신이 되어 있을까? 우리 대부분은 자신이 바라는 참된 자신이 되지 못했다. 우리는 자신의 독특한 삶이라는 생활환경이 요구하는 그런 사람이 되려 끊임없이 노력하고 있을 뿐이다. 때로는 다른 어떤 자신이 되려고 헛수고를 마다치 않으며 시간을 낭비했을 수도 있다. 하찮은 이유로 한 200년쯤 살다 갈 것처럼 현실과 전혀 다른 이상을 추구하며 살다 간 어떤 사람으로 살아야 한다는 막연한 환상을 믿는 경우도 있다. 그들은 다른 사람의 체험을 하려 하거나 다른 사람의 모양새를 흉내 내며 헛된 노력을 하다가 결국 몸과 마음이 모두 지쳐 버린다.

모든 사람이 다 따라하는, 즉 전체주의적인 성향의 내면에는 강한 자기 자만이 있을 수 있다. 사람들은 더 나은 것을 생각하기에는 너무 게으르고, 반면 인기 있는 것을 흉내 냄으로써 자기를 과시하려는 데에는 너무 성급한 면이 없잖아 있다. 조급함은 자신의 위치를 제대로 파악할 수 없는 옛말처럼 우리는 눈뜬장님이 되고 만다. 그들은 빨리 성공하려고 한다. 그들은 너무나 급한 나머지 스스로 솔직한 시간조차 갖기 어렵다. 자신이 원하는 일들이 제대로 되지 않으면 화를 내면서도 그 성급함이 일종의 성실함이라고 주장한다.

우리는 위대한 성인을 보면서 그들의 겸손과 성실성이 일치한다는 것을 안다. 성인이 여느 사람들과 다른 점은 정확히 말해 그들의 겸손함에 있다. 그렇다고 해서 겸손의 근본이 그저 그들과 같아지라는 말은 아니다. 그와는 다른 자신의 겸손은 현실 안에서, 자신의 양심 앞에 서 있는 바로 그런 사람이 되는 데 있다. 물론 사람의 성향은 자라 온 환경과 경험에 의해 전혀 다르기 때문이다. 진정한 자기가 되려는 겸손한 사람은 이 세상에 그 누구와도 같아지지 않을 것이다. 우리는 개성이 있을뿐 아니라 긍정 자존감 또한 있으므로, 단순히 드러나는 것이거나 취향 등 다른 일을 하는 방법에 의해 겸손이 드러나게 된다. 그것은 영혼 깊은 곳에 있는 어떤 것이기에 그렇다.

진정으로 겸손한 사람에게는 일상적 삶의 방식과 풍습, 관습 등이 갈등의 아무런 요인이 되지 않는다. 마더 테레사와 마가리나와 마가렛 같은 사람들은 병든 자, 나쁜 환경에 대해서 전혀 문제 삼지 않는다. 오히려 세상 사람들이 꺼리는 일들에 눈을 돌리고 봉사를 실천한다. 일반인들의 사고와는 다른, 더욱 높은 긍정 정서와 긍정 자존감 인식의 차원으로 하찮은 것에 동조하지 않는다. 이런 모든 것을 무관심하게 무시해 버릴 때, 겸손한 사람들은 참사랑을 찾는 데에 보탬이 되는 것은 무엇이든지 택하고 다른 것들은 제쳐 둔다고 한다.

겸손이 건전한 윤리에 없어서는 안 되는 영혼의 철저한 순화와 평화, 요령과 상식을 수반하는 이유가 여기에 있다. 자기가 다른 사람이어야 할 이유는 없다. 마치 인기 있는 연예인이나 대출까지 해서 로또에 당첨되어 부를 축적하려고 고집하는 것은 겸손도 아니고 성실함은 더더욱 아니다. 우리 스스로가 자기는 누구이며, 나는 누구이어야 한다는 자만은 결국 자신의 목적지를 벗어난 것이 된다. 예를 들어, 남의 길을 가는 사람이 어떻게 자신의 길을 갈 수 있다는 말인가? 행여 남의 삶을 살면서 어떻게 자기완성에 이를 수 있다는 말인가? 그들의 덕은 절대 자신의 득이 되지 않을 것이다. 철저히 혼자 있는 시간 속에서 애써 자신의 구원을 얻기 위한 노력과 열정 또한 겸손을 몸소 익혀야 한다. 진정한 자기 자신이 되기 위해서는 영혼의 철저한 순화, 내적 평화, 삶에 대한 요령과 상식을 배우고 익히는 것이 필요하다.

거울을 보듯 자신을 깊게 들여다보자. 자신의 참된 모습은 끝없이 변모하고, 평화와 기쁨 안에 있다는 것을 알게 될 것이다.우주의 숨을 온 몸 구석구석 불어넣자.

가짜 '나' 제거하기

모든 사람의 내면에 가짜 '나'가 살고 있다. 사람들이 서로에게 보여주는 '나'는 진정한 '나'라기보다는 모든 사물을 보는 시각적인 면에서도 가짜 '나'란 말이다. 이것은 자신을 믿지 못한다는 것이 아니다. 단지 우리 자신도 자신을 믿지 못하는 '나'라는 것이 살고 있다는 것이다. 자신이 언제 자신을 배신하고 돌아설지 모르는 일지만 그 자신이 결국에는 자기 자신을 나락으로 떨어뜨릴지는 더 모를 일이다. 그래서 우리 내면에서 혼란을 부추기거나 가고자 하는 길을 가로막거나 하는 그 어둠 속의 자기를 가차 없이 제거해 버려야 한다. 마치 농작물을 휘감아 돌아 죽게 만드는 환삼덩굴 같은 자기가 어떤 짓들을 하고 있는지 예리하게 관찰해야 한다.

무엇보다 다른 사람에 대한 불신이 아니라 우리 자신 속 가짜 '나'에 대한 관찰 말이다. 특히 의식적으로 대하기는 너무 고집스럽고 너무 강한 우리 자신 안에 도사리고 있는 '나'라는 자기의 뿌리를 뽑아내야 한다. 왜냐하면 그 가짜 '나'는 우리의 잘못을 다른 사람 안에서 보게 하고, 우리 자신 안에서는 볼 수 없게 하는 강한 힘을 가지고 있기 때문이다. 가만히 관찰해 보면 우리는 우리의 잘못을 보지 않으려 하는 성향이 강하다. 우리는 우리 자신을 파괴하거나 눈앞에서 안 보이는 곳으로 쫓아 버림으로써 자신을 교정하려 하지 않기에 그러하다.

그로 인해서 우리의 잘못을 스스로가 알아도 그 잘못에 대해서 책임을 지는 데에는 큰 어려움을 겪는다. 우리는 자신이 옳다고 생각할 때에 행동할 수 있다. 여기에서 중요한 것은, 우리 문제의 진정한 해결책은 우리 자신에서 찾을 수 있고 그것을 찾기 위해서 부단한 노력이 필요로 하다는 점이다. 어떤 문제에 있어서 현실 상황이나 사건에는 자신의 서툼이나 부주의 등 여러 가지 요인이 따른다. 이

때 우리는 우리의 잘못을 '우리의 의지, 그리고 우리의 악의와 동일시하는 데에 많은 어려움을 겪는다'는 미국의 유명한 가톨릭 저술가 토마스 머튼의 말에 동의하지 않을 수 없다.

토마스 머튼Thomas Merton은 "누구나 자신의 잘못을 다른 사람의 엇비슷한 잘못을 살펴봄으로써 설명하려는 유혹을 받는다"고 밝힌다. 그것은 자신의 잘못은 최소화하고 남의 허물은 과장함으로써 자신의 잘못을 보상하려 한다는 말이다. 그것만으로도 부족해서 우리는 거짓으로 죄에 대한 감정을 강화하고 죄도 아닌 것에 대한 죄책감을 증폭시킴으로써 사태를 더 나쁘게 만든다. 예를 들면 누가 새끼 길고양이들에게 먹이를 주며 정성껏 보살피고 있다면 그에게 무슨 정신적 '문제'가 있지 않나 하고 생각하는 경향이 있다.

우리는 마치 자신과는 아무런 연관이 없는 사람들을 경멸하거나 단죄하는 우스꽝스러운 일을 저지르기도 한다. 예를 들어, 우리는 새끼 고양이를 보살피는 한 사람의 그 인간적 연민과 겸손을 받아들여야 한다. 새끼 고양이 역시 우리와 같은 생명이라는 마음으로, 그리고 생명을 중시하는 그 겸손한 순수 인간의 마음을 보아야 한다. 그렇지 않으면 우리는 우리의 문제를 풀 수 있게 해 줄 진리를 영영 보지 못할 수 있다. 우리가 사람을 대할 때는 있는 그대로를 받아들여야 한다.

왜냐하면 우리는 우리 자신이 전적으로 선하거나 악해서가 아니고 선과 악이 묘하게 뒤섞인 상태가 우리 자신이라는 사실을 인정하고 순수하게 받아들여야 한다. 우리 안에 있는 선을 과장하지 말고 정도를 지켜야 한다. 이것이 가지는 함의는 어마어마하다. 우리의 본질적인 실체를 더 분명하게 볼 수 있고, 그것의 핵심을 더 깊게 볼 수 있다는 것을 인식한다면, 이 순간은 주관적으로 시공간에서 벗어나 있다고 하는 편이 나을 것이다. 이 경우 가짜 '나'를 제거해 버림으로써 삶에 걸리적거리는 문제들을 제거할 수 있다. 진정한 자신의 길을 가는 데에 생기기 쉬운 여러 문제를 효과적으로 풀어낼 수 있으므로 그 작업의 성과는 매우 높을 것이다.

사람이 긍정적 정서 없이 하루를 살 수 있을까? 부정적 정서는 삶에 파괴적일 수도 있지만, 긍정적 정서는 우리의 인생에 활력을 가져오기도 한다. 정서는 우리의 모든 사고의 결정, 타인과의 상호작용 등 모든 측면에 스며들기 때문이다.

chapter 4

사랑의 언어를 통한 긍정 자존감

말투 살피기

말의 행간 읽기

변화의 말 찾기

자극적인 말하기

확언하기

말투 살피기

"몰라요."

"하고 싶은 것 그런 거 없어요."

"그런 걸 굳이 왜 해야 되나요?"

요즘 주변 사람들에게 자주 듣는 말들이다. 삶에 의욕이 없고, 바쁘다 하면서도 정작 본인이 무엇을 하는지 그마저도 모르겠다고 푸념을 쏟아내기 일쑤이다. 그저 하루라는 무거운 짐을 짊어지고 고갯마루를 올라가는 표정들이다. 지금 여기에 사는 자기-자신을 잃어버린 듯, 막연히 태어났으니까 어찌해서든지 살 수밖에 없다는 식으로 막막함을 호소하기도 한다.

심각한 문제는 현재를 사는 사람들이 자기-자신을 대하는 자세에 있다. 이제까지 그들은 온갖 이유로 자기기만을 해 온 것이다. 부모의 기대에 부응하기 위하여, 사회의 요구에 의해 그에 걸맞은 길을 가야 한다고 세뇌를 받았다. 부모의 세뇌를 받은 자식이 외국에서 공부를 마치고 한국에 도착했을 때 우스갯소리로 첫마디가 "엄마, 이제 뭐 해야 되나요?"라는 것이다. 이 경우를 보자. 이처럼 자기-자신이 누구인지를 인식하지 못하는 사람들은 "나는 나 자신을 무척 사랑한다."라고 말한다. 정신과 의사 M. 스캇 펙M. Scott Peck은 《아직도 가야 할 길》에서 '참사랑과 사랑의 느낌을 혼동하는 사람들은 대개 자신만을 위하는 자기 위안적인 성질을 갖는다.'고 한다. 또한 그는 참사랑이란 의지적인 행동이며, 부모로부터의 애착의 단계를 초월하는 것이므로 '사랑이란 행동하는 만큼 사랑하는 것이다'고 한다. 이와 같이 긍정 자존감은 자기-자신에 대한 깊은 관심으로부터 나온다고 할 수 있다. 쉽게 말해 긍정 자존감을 향상시키려면 타인의 눈치를 보는 게 아니라 자기-자신에 대한 믿음과 확신을 가지고 용기를 내어 사회의 두려움을 극복하고 타인에서 벗어나고자 노력해야 한다.

누구나 참다운 자신만의 길을 가는 데에 긍정 자존감이 필요하다.

"나는 내가 선택한 길을 가고 있다."

"내가 좋아하는 사람이다."

"이건 더 바람직한 삶의 방식이야."

요즘 우리 가족이 흔히 하는 말들이다. 우리가 자기-자신을 어떤 관점에서 규정짓고 자신을 해석하느냐 하는 문제는 언제라도 변할 수 있다. 우리가 세상을 보는 관점은 항상 옳은 방향이나 제일 나은 방법은 아니다. 하지만 우리는 한여름 쩍쩍 갈라터진 저수지를 생명수로 가득 채울 수 있을 정도의 참된 본질의 존재자다. 이미 여기 "있다"는 사실이 평화와 기쁨이다.

《생각의 해부》를 쓴 대니얼 카너먼Daniel Kahneman 외 신경과학자는 뇌에 관해 과학적 근거를 밝힌다.

> "뇌는 뉴런Neuron(신경세포)으로 이루어져 있다. 이런 신경세포가 1,000억 개쯤 있다. 또 각 신경세포가 다른 신경세포들과 약 1,000억~1만 번 연결돼 있다. 이런 정보를 바탕으로 계산한 결과에 따르면, 가능한 뇌 상태의 수, 즉 뇌 활동이 치환되고 조합되는 수는 우주에 존재하는 기본 입자의 수보다 많다."

인간의 뇌는 정말 경이로울 정도이다. 뇌는 정보를 찾아내서 종합하고 적용하는 능력이 탁월하다고 한다. 게다가 새로운 정보에 대응해서 예측을 수정하는 능력도 굉장하다고 한다. 실존주의의 선구자인 키르케로는 불안을 극복하고 참된 실존을 회복하기 위해 '신(神) 앞에선 단독자'로서 자신의 운명을 개척하고 책임져야 한다고 주장하였다. 이는 인간의 주체성과 독립성을 강조한 말이다. 이 말은 결국 우리 개인은 자기-자신의 주체적인 결정에 따르는 고통을 감수할

용의를 가지고 있다는 것과 같은 맥락이다.

많은 사람은 발전의 이상을 품고 있다. 그것을 성취하기 위한 의지력을 키워야 한다. 훈련하지 않고는 소원성취가 거의 불가능할 수밖에 없다. 어떻게 운이 따라 로또에 당첨되는 확률 같은 게 아니다. 훈련이란 문제 해결을 위해 어려움을 직면하고 통찰하여 그 문제를 희망적으로 풀어나가는 기술 체계라고 할 수 있다. 이것은 어디까지나 보다 나은 삶을 영위하기 위한 기술적인 도움이다.

• 말 습관 바꾸기

잊히지 않는 최초의 기억 속의 나를 떠올려 보자. 몇 살 때 어떤 기억이 생생한가? 그 기억 속 아이의 감정을 잘 바라보자. 그리고 그 아이에게 긍정 자존감을 높일 수 있는 한 마디를 건네 보자.

• 최초의 기억

기억 속 아이의 감정 잘 바라보기

긍정 자존감 높이는 말 한 마디

말의 행간 읽기

누군가 "동백꽃이 피었어, 피 터지게 피었어, 하늘 깊이 숨어 울고 있다."라고 말을 했다. 이럴 경우에 이 말을 들은 사람은 "이 사람이 지금 무슨 말을 하나?" " '동백이 피 터지게 피었다' 는 건 무슨 뜻일까?" "분명 나에게 무슨 말을 하는 것 같은데 왜 그럴까?"라는 의문을 가질 것이다. 이와 비슷한 경험 가운데 수많은 '물음표'가 머릿속에 가득했던 경험들이 있을 것이다.

말은 최소한의 의미가 있다. 정녕 우리가 하려는 말의 의미는 말 속이 아닌 말의 바깥에 있는 경우가 많이 있다. 말을 말로써 다 할 수 없는 일들이 수없이 많기 때문이다. 우리는 말과 말 사이, 즉 말의 행간에는 또 다른 의미들이 숨어 있음을 자세히 살펴보아야 한다. 인간의 말이 지닌 실질적 목적과 관련지어 볼 때, 말 사이에 떠도는 의미가 존재한다는 것을 알 수 있다. 그래서 어느 정도 상대의 말의 의미, 그 의도를 예리하게 파헤쳐 볼 수가 있는 것이다.

우리가 사용하는 말은 서로 독립적이고 자율적이다. 즉 자신의 존재나 새로운 경험은 어떤 외적인 세계에 대해서가 아니라 내적인 감정에 의해 그 정당성이 입증된다는 말이다. 하나의 말은 다른 말과 엮기 위해 의미를 지닌 말을 더 열성적으로 구하게 됨으로써 정당화되고 타당화되게 한다. 그럼으로써 자기-자신이 사용하는 말에 자부심을 느끼며, 더 진실하고 예리하게 세계를 지각할 수 있게 한다. 이로써 우리는 세계에 대해 더 이타적이고, 관대하고, 더 많은 세계에 대한 가치관 형성 또한 향상시킨다.

우리가 사용하는 말 혹은 언어는 우리 개인의 삶을 보여준다. 삶에서 일어나고 경험한 일들을 이야기하다 말고 갑자기 화제를 확 바꾸어 말하거나 미묘한 낱말의 여백을 남기는 경우가 있다. 이것은 강렬한 감정을 진실한 형태로 압축한 것이라 볼 수 있다. 우리가 사용하는 언어는 움직이는 문체로 형상화할 수 있고 정반대로 굳은 문체로 나타나는 경향이 있다. 이는 우리가 의식적으로 말하기 이전에 언어가 언어를 끌어오기에 그러하다. 한 그루의 나무에서 수만 개의 꽃이 피듯이 언어에도 수만 개의 말이 있다. 가장 먼저 튀어나오는 일상어와 사회적 언어가 있지만, 가장 나중에 꽃들이 진 다음에 하나둘 그제야 피는 무의식의 언어가 있다.

말에는 주문(呪文) 같은 의미가 묻어 있다. 오직 무의식적으로 존재하는 그런 언어들 말이다. 우리의 말은 혹은 언어는 가을에 핀 벚꽃과 초봄에 가장 먼저 핀 꽃 사이에 있다. 우리가 자면서 꾸는 꿈에 저항할 수 없듯이 일상 속에서도 마찬가지로 무의식적으로 튀어 나오는 말을 어떻게 조절할 수가 없는 것이다. 이것은 우리가 의식하는 것과 의식하지 못하는 상태에서 말 그것들이 서로 엮이기 때문에 그러하다. 말의 행간이 우리의 나약함과 불안정성을 감지하는 방법을 의미한다면, 또 다른 측면에서는 그 의미를 확신할 수 있는 측을 감지할 수 있다.

이런 행위는 정상적인 대화의 언어를 교란한다. 그러면서 개인 삶의 치부를 동시에 보여주는 어떤 의미로 작용한다. 그건 휴대폰 카메라를 터치하는 순간, 그 순간에 자신이 전혀 의도하지 않은 어떤 사물이 화면에 담기는 것과 같다. 또 잠자리에 들기 전 형광등을 껐을 때 잠시 남아 있는 희미한 불빛과 같다. 우리의 마음의 틈 사이로 끊임없이 쏟아져 나오는 외로움의 소이, 분노와 슬픔의 소리, 그리고 주체 못 할 만큼의 기쁨과 황홀감 같은 것들이 서로 뒤엉켜 밖으로 표출되는 것이다. 우리는 이러한 언어의 속성을 통해 상대방에게 어떤 일이 생기는지를 알아보려 노력해야 한다. 관심과 보살핌이 필요한 상대라면 더더욱 그러해야 한다. 비단 상대뿐만이 아니라 상대방이 바로 자기-자신이라는 것을 깨달아야 자신의 치유 혹은 성장에 도움이 되는 하나의 방법일 수가 있는 것이다.

이런 것으로 보아서 우리가 사용하는 언어는 우리의 삶의 한순간이나 다른 어떤 것으로 나아가는 한 단계라는 사실을 알 필요가 있다. 결국 말은 우리가 서로를 받아들이는 좀 더 높은 차원으로 끌

어울림으로써 불분명한 것들을 확실히 선명하게 볼 수 있는 도구인 것이다. 우리는 말 혹은 언어의 유추를 함으로써 상대의 말과 말을 분리해, 상대가 한 말의 핵심을 끄집어낼 수 있다. 따라서 우리의 말이 유익한 환경에 놓이는 것도 중요하지만 말의 행간에서 핵심을 찾아 좋은 반응을 얻어낼 수 있다는 것도 알 필요가 있다. 사과가 제아무리 빨갛고 맛나게 보일지라도 우리는 그것을 먹어 봐야 그 맛을 느낄 수 있지 않은가.

변화의 말 찾기

누구나 부정적 정서를 긍정의 정서로 변화시킬 수 있다. 그 비결은 긍정 정서를 형성하고 지속적으로 계발하는 데 있다. 부정적 정서의 황무지에서 탈출할 수 있는 유일한 길은 용서하고 말끔히 씻거나, 나쁜 기억을 직시함으로써 자신의 과거를 새롭게 쓰는 것이다. 한 개인은 자신이 겪어 온 오랜 고통의 시간을 끊임없이 되새기며 결국엔 분노에 불타게 될 가능성이 높다.

부정적 정서를 용서하는 길은 과거의 기억 속을 밟아 나아가는 것이다. 마치 사막을 걷는 사람이 목이 타들어 가 물을 찾는 것처럼 인식을 전환하는 것이다. 절실한 상황 속에서 끝끝내 오아시스를 찾아다녀야 하는 수고로움을 통해 마침내 갈증을 해소하는 것처럼 시간과 노력을 투자해야 한다. 오아시스가 멀리 있다고 여기는 것은 오아시스가 멀리 있는 것이 아니라 단지 멀게 느껴지는 것뿐이다. 긍정의 정서가 당장 어떤 성과를 주지 않아도 저절로 몸과 마음, 깊숙이 스며들어 삶의 풍요로움을 고루 느끼게 한다.

무엇보다 말에는 간절함과 확신이 담겨 있어야 한다. 자신의 말을 전달하는 데 있어 효과가 있는 몇 가지 말하기 방법이 있다.

첫 번째는 낱말 찾기이다. 종이 위에 기록하면서 미래의 자신의 모습을 떠올리며, 스스로 강한 힘을 불어넣는 것이다. 낱말에는 언어의 뿌리가 있다. 그 언어는 거대한 나무가 될 수 있다. 언어는 감정과 관심이 빚어내는 자기 의사 표현이다. 이 언어, 즉 낱말들에는 자신만의 강한 메시지가 들어 있다. 이러한 과정은 자신의 진정한 발전에 도움이 될 것이다.

공자는 "군자는 백성이 법으로 삼는다"라며 공경을 천지자연의 도리라고 했다. 자기 몸을 공경하게 되면 어버이의 착한 이름이 이루어질 것이라고 했다.

> 왕도 어려운 경우를 당해 보지 않고는 왕으로서의 큰 업적을 이룰 수 가 없고, 열사도 어려운 경우를 겪어 보지 않고는 행적이 뚜렷이 드러나지 않는다고 들었다. 그러나 어려운 경우를 겪을 때의 분노한 마음으로 뜻을 가다듬고 일하게 되면 계획했던 것들이 모두 이루어질 것이다.

자, 이제 당신의 흥미를 끄는 낱말들이나 자신에게 영향을 미치는 낱말들을 골라 본다. 동시에 마음 상태, 문제, 상처, 상한 감정과 관련된 것들이 어떤 소리를 내는지 적어 보자.

예) 희망, 성공, 옥토, 무심하다, 질린다, 한 바구니, 비열, 틀림없이, 분노, 찡그린 얼굴, 폭우, 물방개, 산골짜기

자극적인 말하기

눈을 감자. 잠시 눈을 감고 나를 위반해 보자. 우리가 우리 자신의 무력함에 대한 감정도 커 간다는 경향이 있다는 것을 종종 알고 있는가? 진정한 나 자신과 함께하는 자신의 무력함에 대한 주관적인 느낌이 드는가? 일상에서 적절하지 못한 감정처리로 인해 그 어

느 때보다도 더 괴로움을 느끼고 있는가? 우리의 삶의 매순간 어쩌면 위반하는 과정일지도 모른다. 말도 그런 거다.

셰익스피어가 엮어낸《햄릿》은 비극이다. 주체가 파멸의 시간을 향해서 거침없이 나아가는 행동을 보여준다. 움직이는 물체가 무엇인지 알지 못한 채 달려들어 폴로니어스를 죽인 그 순간은 강력한 감각의 주된 구성요소이다.

> 내 가슴속에 일종의 싸움이 일어나서 나는 밤중에도 잠을 이루지 못했네. 반란을 일으키다가 족쇄를 찬 선원보다 더 비참했을 거야…… 때에 따라서는 무분별이 도리어 도움이 되고 심사숙고한 계획이 수포로 돌아가고 마는 수가 있으니까. 그러니 결국 다듬어서 완성시키는 것은 신의 힘이야. 대강대강 모양을 깎는 것은 인간이지만……

《햄릿》 구조는 그가 통제할 수 없고 결정할 수 없는 상황에 이르게 만든다. 폭풍에 흔들리는 배 위에서 한밤중에 홀로 깨어 어둠 속을 더듬어서 찾은 국서를 대담하게도 뜯는다. 왕의 흉계! 왕의 엄명이라며 덴마크 왕의 옥체가 위험할 뿐 아니라 영국 왕의 생명까지 위태롭게 한다는 등 터무니없는 말을 잔뜩 늘어놓는다. 그러고는 나를 살려두면 화약고를 방치해 두는 것과 마찬가지니 이 친서를 보는 대로, 아니 미처 도끼날을 갈 겨를도 없이 내 목을 치라는 서안을 바꿔치기한다. 이 작품의 특징은 햄릿이 항상 타자의 시간에 머물러 있다는 점이다. 그는 그만이 들을 수 있는 악마의 소리를 듣고 불안한 나머지 악마적인 행동을 함으로써(물론 그것은 환상에 지나지 않는) 정신분석학적 전문용어로는 비약flight이라는 면이 개입된다.

햄릿에게는 자신을 파멸하는 시간만이 존재한다. 인간 주체는 누구나 종국엔 파멸하고 마는 공동체 운명을 지니고 있다. 그렇다면 여기에서 라캉 용어로 '대상a'라고 불리는 '결핍된 어떤 것'이 관계되어 있으며, 어떤 과정을 거쳐 투사가 되는지 우리는 자신을 자세히 관찰해야 할 일이다. 말하자면 우리의 기억의 흔적은 기억조직에 기록되는 순간 지각현실에 등을 돌리고, 완전히 자율적인 체계를 구축한다고 정신분석학자 임진수는《소원, 욕망, 사랑》에서 밝힌다. 또한 그 기억의 흔적은 언어기호처럼 다른 기억의 흔적과 관계-프로이트의 용어로 '연합'-를 맺으면서 기록된다는 것이라고 한다.

누구나 기억의 흔적 속에 아픈 기억들이 산재해 있는 것을 달가워하지 않는다. 어릴 적 부모로부터 받은 상처나 친구들에게 당한 분노, 그리고 사회에서 존재감이 없는 존재자라면 기억의 흔적을 당연하게도 남의 일처럼 여긴다. 물론 상처의 기억들은 불쑥불쑥 무의식층에서 솟구칠 때도 있지만 대부분의 사람들은 그것을 보기를 두려워한다. 대부분은 나 몰라라, 하고 자신의 상처치료에 신경을 쓰지 않는다. 그 상처를 치료하기는커녕 오히려 정신없이 바쁘게 몸을 움직여 도망을 치는 것이다. 도망쳐 간 그 자리가 바로 도망치기 전 그 자리라는 것을 알 리가 없다.

그래서 삶은 황폐해지고 정신적 풍요로움을 누리지 못한다. 늘 무엇에 쫓기는 듯 바빠야만 '살아 있다'는 것을 느끼는 비극이야말로 정신줄을 놓았다는 것에 다름 아니다. 이런 행위는 우리의 신체적·정신적·영적 삶을 반영한다. 겨울 찬비가 뼛속까지 스며들어 피를 얼리고 있어도 감지를 못하는 무감각 상태는, 앞으로 어떤 일을 할 것인지를 전혀 예상할 수 없는, 풍화되어 바람에 부서져 흩어지는 돌가루와 다를 바가 없다. 인간에게 모든 일들은 서로 다른 방식으로 다가온다. 그 리듬의 흐름과 맥락을 인식할 때 우리는 자신을 더 잘 이해할 수 있다. 특히 인간관계 형성에 있어 서로 진정한 어떤 것들과 연결된다는 사실을 알고 있을 것이다.

진정 어떤 것들과 연결되기를 바란다면 우선 혼자만의 공간을 정하도록 하자. 대단한 것을 찾아 연결하고자 하는 생각일랑 아예 하지 말자. 그 공간은 자신이 편안한 공간이면 그만이다. 많은 사람들이 바다로 가야 한다고, 깊은 산 속으로 들어가야 한다고, 외국여행을 가야 한다고 거창한 말들을 늘어놓는다. 이들의 이야기는 하나 같다. "나는 특별하다." 구실은 좋다. 하지만 바로 이것이 자신 안으로 침잠해 들어간다는 사실을 거부하는 구실이 될 뿐이다. 이 경우 진정한 자신을 감지하지 못하게 된다.

라이너 릴케Rainer Maria Rilke는 고통에 대해 말하면서 고통을 노래하라고 한다.

괜찮다. 부자나 행운아들은 조용히 있어도
누구도 그들에 대해
알고 싶어 하지 않으니까
그러나 도움이 필요한 이들은 나서서,
말해야 한다. 나는 장님이오.
또는 내가 장님이 될 것 같소,
또는 잘되는 일이 하나도 없소.
또는 아픈 아이가 있소.
또는 바로 그게 내가
관심을 두고 있는 것이라오…….
…….
그것이 바로 당신이 훌륭한 노래를 들을 수 있는 장소다.

강한 자극적 언어는 생생하다. 생생하지 않은 언어는 언어가 아니다. 강력한 감각적 언어는 불분명함을 분명하게 한다. 우리는 우리의 기억의 흔적들을 너무나 멀리 내버려 두었기 때문에 우리의 정신세계 속에, 공기 한 줌 없는 암흑의 세계 속에, 추락하는 비행기의 동체 속에 우리 자신을 가두고 있다. 눈을 뜨자. 밝은 세상으로 당당히 떳떳하게 나가자. 생생한 언어, 강력한 자극적 언어를 타고 나가자. 그리고 생생한 언어들을 큰소리로 외쳐 보자.

과하고 자극적인 언어는 폭력적이거나 충격적이거나 조악한 말들이 아니다. 자신의 아픈 기억의 흔적들을 찾아내어 치료를 해 주는 작업으로서의 언어이다. 자신의 솔직한 감정과 감각을 불러일으키는, 푸른 바다를 유유히 헤엄쳐 다니는, 푸른 하늘을 비상하는 그 무엇이다. 말들에 포함된 에너지는 자신의 진정한 삶에 발전은 물론 영원히 타오르는 성화가 될 것이다. 자기 자신을 신뢰하자!

우선 흥미를 끄는 낱말이나 자신에 영향을 미치는 낱말, 자신이 안고 있는 무게나 상처를 나타내는 낱말을 고른다. 그 낱말에 주목한다. 그리고 자기 안에 생생하게 울려 퍼지는 생생한 언어를 적어 보자.

진다, 기운다, 귀에 쟁쟁한, 흔들린다, 소란한, 질리는, 무력한, 텅 빈, 숨 막히는, 깜깜한, 가슴 아픔, 벼랑, 방, 울분, 악취, 갈망, 역겨운, 타는 듯한, 뼛속이 시린, 잠잠한, 저버린, 연락 끊긴, 그림자, 발자국, 애무, 다정한 눈빛, 달콤한, 화사한, 황무지, 비바람, 진흙탕, 돛, 햇살, 마음 탄력, 근육

사람이 몇 생이나 닦아야 물이 되며
몇 겁이나 진화해야 금강에 물이 되나!
금강에 물이 되나!

샘도 강도 바다도 옥류(玉旒) 수렴(水簾) 진주담(眞珠潭)과 만폭동(萬瀑洞) 다 고만 두고
구름 비 눈과 서리 비로봉 새벽 안개 풀 끝에 이슬 되어 구슬구슬 맺혔다가 연주팔담(連珠八潭) 함께 흘러 구룡연(九龍淵) 천척절애(千尺絕崖)에 한번 굴러보느냐.

–조운, 〈구룡폭포〉

[시평]

사람이 세상에 태어나, 진정으로 사람답게 산다는 것이란 과연 어떠한 것인가.……정말 하고 싶은 일을 하며 사는 것, 그 일에 빠져서 사는 것, 그래서 그 일을 위하여서는 천 길 낭떠러지라도 뛰어내릴 수 있는. 그런 삶이 진정 사람답게 사는 것이 아니겠는가. –윤석산 시인–

그렇다. 새벽 안개 속 풀에 맺힌 이슬처럼 계곡을 흐르다가 높고 높은 절벽에 한번 굴러떨어지는 아, 〈구룡폭포〉가 우리를 단순함의 차원으로 이끌어 세상 이치를 깨닫게 하는 이해와 감각을 느끼게 한다. 이는 우리의 의식이 자연으로 다가가면 다가갈수록 점점 밝아

진다는 것을 시사한다.

확언하기

확언은 진실이다. 언어 안에, 우리 안에 잊힌 무언가가 숨 쉬고 있다는 증거이다. 우리의 시간은 모래시계가 아니다. 시간은 모래시계처럼 새어나가되, 밖으로 소리를 내지 않고도 흘러간다. 이것은 개인의 인간사에서 아주 중요한 의미가 있다. 지금 이 순간이 아닌 모든 것이 우리의 확언을 통해 다시 살아나게 만들자. 그것이 긍정적이든 부정적이든 아주 강력한 감정을 불러일으킬 수 있는 모티브를 하나 만드는 것이다.

예를 들어, 한 가지 색, 즉 분홍색만을 생각하며 걸어 보자. 주변에 어떤 것들이 있는지 주의 깊게 관찰하자. 걷는 동안 주변의 건물과 사람들의 옷, 매장에 진열된 제품들에서 분홍색을 발견할 수 있을 것이다. 그것들을 보는 동안 어떤 기억들이 떠오르고 있는지 혹은 어떤 일들이 펼쳐질 것인지를 노트에 적어 보자. 길을 걷는 동안 어떤 것들이 눈에 띄었는지, 왜 그런 것에 눈길이 머물렀는지, 앞으로 어디를 향해 갈 것인지를 생각할 수 있다. 별을 따올 수는 없지만, 별을 따려 깜깜한 밤 창문 밖으로 손을 내미는 행위 등은 인생

항해의 방향을 잡아 주는 역할이다. 일단 확언을 시작하게 되면 자신의 마음이 어느 새 자기에게 집중이 되고 있다는 사실을 발견하게 될 것이다. 이 사실을 발견하고 놀라게 될 것이다. 바로 이것이다. 우리는 우리가 쓰는 확언을 통해 우리가 머물러 있는 길 위에서 한 걸음씩 미래를 향해 나아가고 있다.

마치 열린 창문 사이로 무작정 뛰어든 햇빛 줄기처럼 20분, 40분, 한 시간 무작정 걸어 보자. 걷는 시각이 낮이건 밤이건 또는 아무도 없는 길이건 번잡한 길이건, 아이들이 뛰어노는 놀이터이건 개구리가 뛰어다니는 들길이건 모두 시간을 내어 경험을 해 보는 것이다. 아주 사소한 사건이나 기억이라도 머릿속에 떠오르는 대로 적어 보자. 그러다가 중요한 기억이나 선명한 기억이 떠오르면 그것을 구체적으로 적어 보자.

이때 자신이 두려워하거나 불안해하거나 아니면 앞이 깜깜해 한 걸음도 떼어 놓을 수 없는 벼랑 끝에 서 있다는 사실을 알 수도 있을 것이다. 그 불안의 요인이 무엇인지, 그 두려움의 발생 요인이 무엇이며 어떻게 극복을 할지 문제의식에 대해 집중을 하게 해 줄 것이다. 매순간 우리는 한 편의 드라마를 쓴다. 일목요연하게 잘 쓰는 게 아니라 순간순간 변화하는 상황들을 묘사한다. 이로 인해 확언에 따라 삶의 빛깔이 달라질 뿐 아니라 삶의 음향이 달라지는 것을 느끼게 될 것이다. 왜냐하면 길을 걸으며 확언을 하는 사이 자신이 힘들다고 느꼈던 것, 지나친 생각의 출현이 삶 자체를 방해한다는 것, 자신과 경쟁할 만한 존재가 사라지게 된다는 충만한 삶을 누릴 수 있을 터이다.

그리스인은 동시대인들과 경쟁하지 않으면 두려워한다고 한다. 그들이 심지어 이미 죽은 사람, 즉 자신의 조상들과도 경쟁한다는 것은 아이러니하게 들릴 수밖에 없다. 그들의 판단 기준은 우리와 사뭇 다르다. 그들 그리스인은 인간들을 서로 적대적인 파멸의 전쟁 속으로 몰아넣는 여신은 약하다고 보았다는 것이다. 반면 질투와 증오와 시기의 여신이라고 해도 파괴적 투쟁이 아니라 경쟁의 행동을 하도록 자극하는 신은 선하다고 생각한다는 것이다. 인간은 누구나 선하게 살고 싶은 욕구가 있다.

우리는 능수능란하게만 살 수는 없다. 단 한 번의 삶이기에 욕구 또한 강렬할 수밖에 없는 것이다. 멸할 수 없는 존재는, 생성과 소멸에 있어 또 다른 것들과 끊임없이 지속적이지 않은가. 예를 들어, 과거의 참된 것들이 그대로 재현이 되는 것도 아니지만 이것들은 다른 것들과 연결고리를 맺으며 엮여 생성된다. 이 생성은 차이를 만들어 내고 생성은 또 무한히 반복된다. 니체가 가장 자유로운 작가라고 칭한 로렌스 스턴Laurence Sterne의 작품은 완결된 멜로디를 구사하는 데 있지 않다. 그의 작품은 끊임없는 멜로디를 구사하는 데 있다는 니체의 찬사에 응당히 공감한다. 이 말은 곧 개인은 유일한 존재이기 때문이라는 명제를 포함한다.

우리 개인은 마치 노벨상과 같다. 노벨상은 독창성을 중시하지 않는가 말이다. 인류에 큰 기여를 한 연구 발명이 있을 경우, 그 아이디어를 맨 처음 만든 사람에게 노벨상을 준다. 그 원리를 바탕에 두고 응용한 사람에게는 상이 주어지지 않듯, 우리의 삶도 그와 마찬가지다. 우리네 인생은 매일, 매순간의 독창적인 삶을 연출하는 것이다. 순간순간 다른 사고와 행위의 독창성이야말로 바로 자기 자신이다. 누구와도 비교 대상이 될 수 없는 자신만의 새로운 세계를 창조하기 위해 확언이 필요하다.

시인이자 시치료사인 존 폭스John Foxe는 확언은 성장을 거부하는 무의식에 단단하게 압축된 토양을 풀어 준다고 한다. 또한 그는 확언은 정원의 식물이 아니라 토양을 위한 '토양개량제'의 역할을 한다고 덧붙인다. 확언은 자신감의 말, 신념의 말, 행동의 말이다. 확언하기는 자신 속의 무언가를 살피고 그 무엇이 요구하고 갈구하는 것이 무엇인가? 혹은 나는 어떻게 새롭게 살 것인가? 라는 물음이 포함된 내면을 보살피는 작업이다. 또한 미처 보살피지 못한 내면아이에게 안도감과 만족감을 줄 뿐 아니라 이러한 확언을 통해 평온함과 평화를 얻을 수 있을 것이다.

우리 모두는 무한한 가능성을 지니고 있다. 만일 우리가 하나의 확언을 하다 보면 그 언어를 통해 우리는 바로 그 확언이 된다. 먼저 좋아하는 낱말들을 종이에 적어 보자. 잠자리처럼 공중을 선회할 듯한 느낌도 좋고 온돌방처럼 아늑한 이미지도 좋고 바다 깊숙한 골짜기를 헤엄치는 물고기의 유영 같은 것도 좋다. 자, 지금부터 확언을 하자.

*나는 다음 주에 불국사에 갈 것이다.

*나는 언어가 주는 강력한 힘을 믿는다.

*나는 용기를 먹고 산다.

*나는 당신의 욕구도 주요하게 여기지만 내 욕구를 더 중시한다.

*나는 빨래를 쥐어짜듯 시의 말을 비튼다.

*가려운 곳 긁고 나면 쓰라리고 피가 나지만 일단 긁고 본다.

*아무 때나 아무 데서나 내 언어의 소리를 즐긴다.

*당신은 영원한 내 사랑이다.

*나는 엄마의 몸을 빌려 태어났지만 내 삶은 내가 선택한다.

*나도 모르는 나 자신을 발견한다.

*내 걸음과 걸음 사이에 내 꿈이 활짝 핀다.

*나는 나만이 조용히 쉴 시공간을 갖는다.

*나는 내가 창조한다.

*나는 창의적인 해결자다.

*나는 달의 이면이 아니라 내 존재를 비추는 거울이다.

*사랑은 변화를 가져온다.

일단 가장 좋아하는 확언의 글을 쓰고 즐겨 읽을 수 있는 곳에 둔다. 의식하든 무의식이든 일단 연필을 잡아 보자. 누구나 진실을 말할 때는 자신만의 언어, 즉 확언이 빛을 발산한다. 그러니 자신만의 언어, 확언을 사용하는 것이 좋다. 그러고는 노벨상 수상자들을 보자. 그들의 꿈과 희망을 보자. 그들은 어떤 확언을 했을지 상상해 보자. 우리는 우리 자신뿐만 아니라 다른 사람들이 더 기분 좋게 느끼도록 맑고 밝은 목소리를 사용하자. 초롱초롱 또렷한 눈망울로 세상 모든 것을 가치 있는 것으로 간주하고 무엇을 어떻게 해야 하는지 의식을 확대하자. 확언은 나의 과거의 현재인 동시에 미래를 창조하기 때문이다. 우리는 이미 우리가 되고 싶어 한 그 '나'가 아닌가 말이다. 요는 꽃은 꽃이고 싶어 꽃이 된 것이다. 이 앎은 우리가 이미 여기에 있음을 아는 것이 아님이 그 무엇이겠는가.

chapter 5

_내면의 힘을 키우자

잠재력을 활용하는 긍정 자존감

가면 벗기

발견하기

거부 허용하기

나의 감정 제대로 알기

반쪽 말하기

욕망 해방하기

행동화하기

가면 벗기

우리는 각자 개인의 가면을 쓰고 있다. 가면을 쓰고 있는 것은 진정한 나로부터 또한 주변 사람들로부터 점점 나를 멀어지게 하고 불안과 초조함을 더해 줄 뿐이다. 자신은 있는 그대로 자신이 있는 곳에서 온전히 피어나도록 해야 한다. 거짓된 스스로에 더는 속지 말고, 주변 환경을 나에게 맞추려 하지 말고, 나를 주변 환경에 맞추도록 해야 한다. 가면을 쓰고 있다는 것은 고유한 자신을 잃어버리는 것일 뿐 자신에게도 상대방에게도 전혀 도움이 되지 않는다. 진실의 힘은 가면을 벗으려는 저항에서 나온다. 한번 벗고 나면 드러나는 얼굴은 아름다울 수밖에 없다. 가면은 한 겹 한 겹 양파껍질 벗기는 것처럼 벗게 될 것이다.

가면은 꽃봉오리와 같다. 아직은 펼칠 때가 아니라 꽃잎을 펼치지는 않지만, 펼치게 되면 더 많은 것이 보이는 꽃봉오리 말이다. 하지만 우리가 보일 듯 말 듯 보이지 않는 달의 이면과 같은 상태로 남아 있으면 영원히 그 이면으로 남게 될 뿐이다. 우리는 자신을 대하는 태도를 바꾸어야 한다. 이미 아픈 내면아이가 들끓고 있는 마음속에서는 아무리 새로운 세상을 만난다 해도 헛일이다. 깜깜한 어둠 속에 있는, 숨 막히도록 조여드는 가슴을 부여안은 채 한 번도 소리 내어 울지 못한 내면아이를 드러내야 한다.

감춰 둔 것들은 상하기 마련이다. 우리의 외양이 다 갖추어졌음에도 불구하고 가슴 깊이 진정한 내면에 닿지 않는 이유는 뭘까? 그것은 바로 두려움 때문이다. 상처 난 내면아이가 너무나 아프고 서러워서, 그 아이가 무슨 일을 할지 겁이 나서, 도무지 어떻게 손쓸 방법을 몰라 안 보이도록 숨겨 둔 내면아이를 벗자. 내면아이의 말은 느리거나 서툴다. 발에 맞지 않는 신발을 신은 듯 느리거나 부자연스럽다. 빌려 입은 옷처럼 추레하지만 그 아이를 힘껏 안아 주자. 지금껏 왜 가면을 쓰고 있었는지 이해할 수 있게 될 것이다.

또한 내면아이를 만날 때 주의해야 할 점은 닫힌 문을 노크하기 전 큰 호흡을 하듯 해야 한다는 점이다. 내면아이의 문제가 되는 지점을 통과할 때는 소리 없이 꽃이 피듯 고요해야 한다. 그렇지 않으면 내면아이를 비켜가는 쉬운 길을 택하는 꼴이 된다. 가면을 벗을 때는 자신의 심장을 꺼내는 느낌으로 벗어야 한다. 벗어야 할 시간에 벗지 않을 수 없는 일들은 없을 것이다. 그냥 벗어라. 무조건 벗어야 내면아이의 막힌 숨통을 트일 수 있다. 내면아이의 갑갑한 마음, 숨이 턱턱 막히는 순간, 죽어도 죽지 않은 슬픔의 뿌리를 벗기는 것이다. 다시 말해 자기중심적인 생각에서 벗어나야 한다는 말이다.

꽁꽁 얼어붙는 한겨울에 쓴 가면들을 옷깃에 스며드는 봄바람처럼 벗어야 한다. 떨어진 꽃잎들이 아무 일 없듯, 바람에 날아간 민들레 홀씨가 제 앉을 자리를 잡듯.

아픈 부위를 정확히 도려내는 수술을 통해 고통을 없애듯이 제거할 수 있는 것들은 모두 다 반드시 제거해야만 한다. 그래야만 상처받은 내면아이에 연연하지 않게 되고, 애꿎게 부모를 원망하지 않게 되고, 자신의 문제를 남에게 돌리곤 하던 자신은 자신의 문제점과 해결점을 창의적 능력으로 끝맺을 수 있다. 내면아이의 입에서 나온 첫 단어는 치유를 위한 등불을 켰다는 의미를 내포하고 있다는 것을 잊어서는 안 된다.

발견하기

모든 인간은 잠재력을 지니고 있다. 잠재력은 아직 발견되지 않은 자신의 숨겨진 힘이다. 그 힘은 어떤 위력을 발휘할지 아무도 모른다. 인간은 끝없이 자기 자신과 만나고 헤어지고 다시 또 만나면서 잠재력을 발휘하게 된다. 존재하는 모든 것은 어떤 식으로든 연관되어 있기 때문이다. 이처럼 아리스토텔레스는 존재하는 모든 것에 통용되는 다양한 의미의 존재를 묶고 있는 '존재'의 '보편성'도, 유비적 의미에서 통용되는 보편성으로 이해해야 한다고 주장했다.

우리의 기억의 흔적들은 수수께끼 중에서도 가장 신비스러운 수수께끼라 하지 않을 수 없다. 모든 것이 유비적 의미에서 통용되는 만큼 우리들 안에는 우리가 미처 알아채지 못한 상처받은 아이가 있다. 이 내면아이는 우리의 보살핌이 필요한 어린 시절에 상처받은 무의식 속에 잠재해 있는 아이다. 이젠 우리가 그 아이의 부모가 되어 그 아이가 치유를 시작할 수 있도록 지지자가 되어야 한다. 내면아이는 각각의 발달 과정에서 배워야 했고, 인정받아야 했고, 사랑받아야 했고, 건강하게 자랐어야 할 그 기회가 아직 없었던 아이, 결핍된 아이다. 바로 지금의 우리 자신이 바로 내면아이다. 우리는 이 결핍된 내면아이를 잘 돌보고 건강하게 성장시켜야 한다. 이는 우리가 진정한 자기-자신을 만나도록 하는 작업 너머 다의적인 의미를 지닌다.

당신은 자신의 진정한 변화를 원하는가? 원한다면 반드시 자신의 어린 시절로 돌아가야 한다. 거기서부터 다시 시작하지 않으면 안 된다. 우리가 다시 어린 시절의 아이가 된다는 것은 불가능하다는 것쯤은 누구든 아는 사실이다. 하지만 우리 안에 지금도 사는 내면아이에게로 돌아갈 수는 있다. 누군가를 붙들고 울고 싶은 내면아이, 엄마의 사랑에 목말라하는 아이, 절벽 끝 한쪽에서 언제 떨어져 내릴지 모르는, 겨우 매달려 있는 나무의 뿌리 같은 아이가 있을 것이다. 그 아이를 살펴 보자. 그 아이는 다른 사람이 아닌 바로 자기 자신이라는 것을 깨달아야 한다.

오랜 세월 목 놓아 울어 보지 못한 아이를 대신해서 우리 자신이 울어 주어야 한다. 자, 마음 구석구석에 있을 내면아이를 샅샅이 찾아내어 보자. 기억의 흔적에 대한 행동관계를 경험적으로 떠올려 보자. 우리는 존재의 이해 속에 살고 있는데도 그 어린 존재가 어둠 속에 묻혀 있다는 사실을 간과해 왔다. 이제는 내면아이의 존재의 의미에 대한 물음과 답에 귀를 기울여야 한다. 일찍이 하이데거는 모든 것을 존재(있음)의 관점과 지평에서 새롭게 볼 것을 주장했다.

우리 과거의 흔적 속에는 상처받은 내면아이들의 싸움이 있다. "나는 못 해" "내가 그런 거 아냐" "그러지 마"라고 거부, 저항하는 그 아이들의 싸움이 벌어지고 있다. 우리가 이 내면아이를 어떻게 보살피고 성장시키느냐에 따라 인생관, 세계관이 달라질 수 있고 전망할 수 있다. 그에 따라 세상을 보는 눈 또한 달라질 것이고 세상을 살아가는 방식도 달라질 것이다. 다른 사람들과 관계하는 행동양태와 사물을 다루는 모든 분야에 있어 달라지고 변할 수밖에 없다.

여기서 필자는 프로이트가 제시한 인간의 마음, 즉 성격의 심층구조를 도입하지 않을 수 없다. 프로이트의 논리대로라면 자아에는 항상 나르시시즘적인 측면이 있다고 한다. 그럼에도 자아는 현실을 검증하는 사유 기능을 수행하므로 대상을 완전히 오인하지 않는다고 한 점을 알 필요가 있다. 프로이트는 《나르시시즘의 도입에 관하여》(1914)에서 자아의 나르시시즘적 측면을 강조한다. 자아가 미숙하거나 발달하지 않은 주체는 자아가 경직되어 신경증이 심할 수 있겠고, 따라서 너무 경직된 자아를 유연하게 만들 필요가 있다는 것이다. 누구도 신경증을 완전히 피할 수는 없다. 문제는 경직성 정도의 차이인데 분명한 것은 자아는 인간에게 없어서는 안 되는 것이라는 사실을 언급한다.

프로이트에 따르면 자아는 자아, 현실, 그리고 이드 사이에서 그것들이 자신도 갈등을 빚으며 고통을 겪는다는 것이다. 프로이트의 성격의 심층 개념을 올바르게 이해하기 위해서는 그가 어떻게 자아의 이해를 설명하고 있는지 주의 깊게 살펴볼 필요가 있다.

프로이트는 인간 개인의 성격의 심층 구조에는 세 가지 요소가 함께 존재한다는 견해를 밝혔다. 그는 처음에는 무의식·전의식·의식으로 구분하였다. 후기에 들어와서는 원초아Id·자아Ego·초자아Super ego로 구분하였다. 그는 이 세 가지 요소 간의 역동적인 관계에 의해 개인의 성격이 형성된다고 보았다. 여기서 역동적인 관계란 세 요소가 정지된 상태로 존재하는 것이 아니라 항상 움직이는 상태로 존재하며 이것이 항상 상호 갈등 관계를 이루게 된다는 것이다. 따라서 상호관계는 긴장하게 마련이고 또한 변화한다는 것을 말하는 것이다. 프로이트가 말하는 성격의 삼층 구조를 한번 살펴볼 필요가 있다.

우선 원초아Id-본능적인 '나'이다. 원초아란 성격 중에서 생물학적이고 본능적인 요소를 지칭한다. 인간이 태어나면서 지닌 가장 원시적이며 유전된 것, 성적인 것, 공격적인 에너지를 모두 포함하는 것이다. 원초아를 움직이는 원리는 쾌락원칙으로, 반사적이고 일차적인 욕구를 충족시키는 것을 목적으로 한다. 이런 의미에서 프로이트는 원초아는 정보처리 과정에 있어 일차적 처리 과정Primart process이라고 불렀다.

다음으로 자아Ego-현실적인 '나'이다. 자아는 외부현실과 초자아의 욕구를 제한하고 고려하여 원초아의 욕구를 표현하고 만족시키는 정신기제이다. 자아를 움직이는 원리는 현실원칙으로, 원초아로부터 나타나는 본능적인 욕구를 지연시킴으로써 유기체의 안전을 보존해 주는 역할을 한다. 이런 의미에서 자아의 정보처리 과정Secondary process이라 불렀다. 한마디로 원초아와 초자아의 주 역할을 한다.

마지막으로 초자아Super ego-'도덕적인 나'이다. 초자아는 인간 개체로서 사회규범과 기준을 받아들인다. 초자아는 양심과 자아 이상이라는 두 가지 과정에 의해 형성된다. 양심은 자신에 대한 비판적 평가, 수치심, 죄책감 등의 형태로 나타난다. 자아 이상은 부모가 선별적으로 보여주는 인정이나 중요하고 가치 있게 여기는 것을 내면화하면서 개인이 형성하게 되는 목표 및 포부를 말한다. 개인은 자아 이상을 달성함으로써 긍지와 자부심을 키우게 된다. 이런 의미에서 프로이트는 3차적 정보처리 과정이라 한다.

따라서 지금 여기(현재성)를 이해하고 여기에서 존재의 의미를 어떻게 규정하고 실천해야 할 것인가가 밝혀져야 한다. 우리는 어떻게 인간 본질을 이해하고 존재의 근원적인 질문에 대해 답을 할 수 있는 의식할 수 있는 의식이 있다. 꽃이 꽃이 아닌 본성을 알게 되면 우리는 비로소 꽃의 실체에 닿게 된다는 것이다. 우리는 우리 내면 아이를 어떻게든 이해하고 받아들이고 치유할 수 있는 지평을 열어 놓아야 한다.

거부 허용하기

바람이 뭔지 느낄 수는 있지만 볼 수는 없다. 거부 허용이기란 그런 것이다. 자신의 내면아이의 말, 소리, 울음을 밖으로 데리고 나오기 위해서는 내면아이의 거부를 허용해야 한다. 거부는 수많은 말을 대신하기 때문이다. 예를 들어, 맛있는 걸 먹고 있는데 한 아이의 자리에는 빈 그릇 하나 놓여 있지 않다는 사실 앞에서 우리는 그 아이에게 무슨 말을 해줄 수 있을까.

우리는 당연한 듯 당연하지 않은 것들에 질문을 던져야 한다. 중요한지 아닌지도 생각 안 해본 것들을 그 내면에 물어보자. 어쩌면 질문 자체가 답이 될 수 있을지도 모른다. 그것이 어떤 의미가 있을지 염두에 두지 않고 다만 그 말들이 의미를 만들어 가는 과정이 있음을 관찰할 일이다. 왜냐하면 우리가 많은 것을 아주 다양한 의미로 명명하거나 해석하며, 존재가 무엇인지에 대해, 또 어떻게 존재하는지도 중요하다는 사실을 이미 알고 있기 때문이다.

독일의 철학자 하이데거에 따르면 '존재하는 것'은 우리의 범위에 들 수 있는 모든 '그것'이다. '그것' 이라는 것은 우리들의 삶에서 이야깃거리가 될 수 있는 모든 것이다. 다시 말해 '문장의 주어 자리에 놓일 수 있는 모든 것'이다. 이때 이야기되고 있는 '모든 것'이 실제로 존재하는 것인지 아닌지는 아무 문제도 되지 않는다는 말이다. 왜냐하면 '존재하는 것'에서 존재는 결코 실제적 존재만을 뜻하는 것이 아니라 매우 다양한 것을 의미하기 때문이라고, 이기상은 하이데거의《존재의 시간》의 지평을 열거한다.

그런 만큼 이기상은, 존재자는 "우리가 그것과 이렇게 또는 저렇게 관계 맺는 모든 것으로 말하기도 한다."고 말한다. 그것은 우리가 행동할 때 만나게 되는 모든 것을 말한다. 예를 들어, 누구를 만나고 먹고 즐기고 일하는 것 등 모든 활동이 존재자와 관련이 있다는 것을 염두에 두고 있다. 우리의 행동 관계 가운데 만나는 모든 것이 다 '존재하는 것'이다. 따라서 우리가 어떠한 행동 관계를 하느냐에 따라 우리들이 만나는 존재도 다양해진다.

이러한 관계망 속에서 상처받은 내면아이의 통곡과 슬픔, 그리고 분노와 고통은 내면아이를 어떻게 만나느냐에 따라 평화와 기쁨의 마음으로 바꾸어 갈 수 있다. 지금도 우리 내면에는 "하면 안 돼!" "쓸데없는 짓 하지 마라!" "하라면 해!"라는 억압적인 말들에 묶여 있는 내면아이가 있다. 이 아이는 억압에서 벗어나려 발버둥치고 있다. 울부짖고 있는데 그 누구도 그 아이를 구해 주지 못했다. 그 아이는 마땅히 구원받아야 한다. "해도 돼!" "네가 하고 있는 그 일은 정말 장한 일이야" "하기 싫으면 하지 않아도 돼!"라고 긍정 정서를 통해 긍정 자존감을 향상시키는 훈련을 해 보도록 하자.

앞에서 언급했듯이 우리 자신 안에는 내면아이가 살고 있다. 우리 내면에는 상처받은 아이만 있는 것이 아니라 서로의 손을 맞잡기도 하고 환한 미소로 화답도 하고 포옹을 하는 아이도 있다. 그래서 내면아이의 존재와 더불어 우리는 존재자로서 오늘을 살아간다. 이제 내면아이에게로 눈을 돌려 우리 개인이 존재자 전체로서 침투가 일어나고 이 전제 위에서 새로운 세계의 지평은 열릴 것이다.

이러한 이해는 내면아이 치유의 가능 조건이고, 이러한 가능 조건은 우리 안에서 움츠러들어 있는, 또한 외로움과 두려움에 떨고 있는 내면아이가 울지 않게 하는 기능을 한다. 동시에 우리 자신은 상처받은 내면아이를 끊임없이 보살피고 보호하는 치유 과정을 통해 앞을 내다보고 꿈을 실현하는 중요한 작업을 해야 한다. 자, 지금 이 순간이다. 내면아이에게 거부를 허용하라. 내면아이의 거부를 허용하는 일은 특징적인 상처를 통해 전체를 치유할 것이다. 이때 어떠한 평범한 세부사항도 특징적인 세부사항이 될 수 있다는 것을 알아야 한다.

여기에서 중점을 두는 것은 우리가 어린 시절에 해결하지 못했던 상처들이다. 그 상처받은 아이는 내면의 아이를 품은 채 성인으로 자라나는 경향이 있다. 그래서 우리는 어린 시절에 당연히 필요했던 요소들이 충족되었는지 돌이켜볼 필요가 있다. 그 해결하지 못한 상처들, 즉 어린 시절 당연히 받아야 할 사랑, 그리고 의존의 경험이 필요했던 것들이 박탈됨으로써 비탄에 빠진 아이의 중심이 되어야 한다. 어린 시절의 아픔을 확인하고 인정하고 내면아이의 얘기를 들어주어야 한다. 이 방법이 거부 허용하기이다. 결국 허용은 우리 자신과의 언어의 대화다. 그래서 언어가 하는 얘기를 귀담아들어야 한다.

나의 감정 제대로 알기

우리의 감정이 얼마나 개인적인가를 아는 것은 우리의 감정을 중립화시킬 수 있게 해 준다. 이것은 우리가 자신의 감정에서 일정 간격을 유지할 수 있도록 해 주는 아주 지혜로운 방법이다. 우리의 감정은 나의 것이라는 것을 알고 향상시키는 방법은 상당한 효과를 거둘 수 있다. 무엇이든지 그 감정이 일어나는 것을 살펴보면 그것에 대한 개인적인 느낌을 갖게 된다. 또한 우리의 감정이 겉으로 표현되어 마치 시인이나 소설가처럼, 혹은 한 편의 영화나 드라마처럼 여겨진다. 감정의 흐름을 읽고 그 흐름이 주는 맥락을 찾아내야 한다. 그 모든 감정이 정확히 어떤 것인지를 바라볼 수 있는 능력을 발달시키기 위해서는 우선 정서의 성격에 대해 생각해 볼 필요가 있다.

정서를 규정하는 것은 지각과 이미지, 그리고 생각이 모두 합쳐져서 이루어지는 일종의 하나의 느낌이다. 정서를 평가하고 그 강도를 평가하는 절차도 매우 필요하다. 특히 우리는 자신만의 정서적인 패턴을 구체적으로 관찰하는 데 더 나은 관점과 융통성으로 바라볼 수 있고, 더 침착하게 더 나은 결정을 내릴 수 있음을 기억해야 한다. 이때 자신의 정서적인 경향성에 대한 윤곽을 잡는 것은 정서 조절에서 아주 유용하다. 대부분의 경우 안타깝게도 정서 조절 문제가 한 측면에 대해 반복적으로 일어나는 경우가 많기 때문이다.

우리가 알고 있거나 자주 또는 아주 강하게 느끼는 정서가 있을 것이다. 그 정서에 이름을 붙여 주는 일도 내면아이를 치유하는 작업의 중요한 요소가 된다. 자신의 감정을 하나의 개념으로 제한시킴으로써 그 감정이 감추고 있는 일들을 파악할 수 있다. 그뿐만 아니라 감정이 자신의 마음속에 고요히 머물 수 있는 공간을 만들어 감정이 반복적으로 일어나는 것을 막는다. 감정의 이름은 그 감정을 담는 그릇이 되고 감정을 진정시키는데, 이것은 정서 조절에서 아주 필요한 방법이다.

그런데 어떤 중요한 방법이라 할지라도 개개인이 관심을 가지는 모든 질문에 대한 답을 온전히 제공할 수 있는 완벽한 방법은 없다. 각각의 방법은 그 장단점이 있다. 우선 우리 각자는 고정관념으로부터 자유로워져야 한다. 사실 '자아'라는 것도 관념일 뿐이다. 습관과 관습은 우리를 살게 해 주지만 우리 개인의 삶과 감정과 절연(絕緣)시키는 것이기도 하다. 우리가 내면아이를 치유하려는 것도 결국 고정관념을 벗어 버리기 위한 행위이다. 고정관념은 우리 자신을 파괴하는 일종의 나쁜 바이러스와 같은 것이다.

우리의 감정은 두뇌 영역에 영향을 미친다. 신경세포를 자극하는 것은 그 위에 존재하는 신경세포들에 영향을 미치지 않고서는 불가능하다고 한다. 또한 두뇌의 어떤 특정 부분에만 감정의 효과가 적용되는 것이 아니라서 정확하게 통제하는 것이 서로 다르기 때문이다. 우리의 감정은 여러 두뇌 회로에 의해 이루어진다. 한 회로의 일부가 다른 회로에 통제를 가할 뿐 아니라 '어느 부위가 먼저 작용하고 어느 부위가 나중에 작용하는지는 알지 못한다'는 것이 신경과학자들의 견해이다.

하지만 내면아이에게는 치유의 힘이 있다. 우리가 어떤 자극에 같은 반응을 보이고 있음을 알게 하는 것도 결국 내면아이임을 알 필요가 있다. 그렇다면 이런 말이 성립할 수 있다. 상처받은 내면아이가 없는 사람은 '숨은 쉬어도 살아 있는 상태가 아닌 것'이다. 신경과학자들에 따르면 내면아이의 상처의 양상은 '두뇌 영역의 활성화 감소를 하는가를 통해 결정할 수 있다'고 한다. 이것은 휴대폰을 사용하지 않을 때 방전되는 기능을 활용하지 않음과 무엇이 다를까. 다시 말하면, 우리는 내면아이의 상처를 치유하기 위한 다양한 정보의 제공을 활용할 수 있어야 한다.

각각의 치유 방법에 따라 다수 회기에 걸쳐서 수행하는 것은 참여자의 수고가 필요하다. 즉 얼마나 부가적인 효과를 얻을 수 있느냐란 의미에서 우리는 내면아이에게 다양한 혜택을 줘야 한다. 이때 내면아이의 주의 깊고 세심한 행동을 살펴보는 작업은 두뇌에 어떤 영향을 미치고 제한을 가해야 하는지를 스스로 결정하는 중요한 과정이다. 우리가 사용하는 언어나 행동 하나하나는 정서적 기능이나 인지적 기능 적용에 중요한 역할을 하기 때문이다.

우리는 살다 보면 막막한 경우가 있다. 피하고 싶지만 피할 수 없는 사막과도 같다. 어디로 가야 할지, 얼마나 갈 수 있을지 모르는 사막의 막막함 같은 감정은 사람을 정화시킨다. 끝끝내 빠져나갈 수 없을 것 같던 길에는 생명이 샘솟고 씨앗 하나가 자란다. 부정적 감정으로 막막할 때 긍정 자존감으로 바르게 판단하고 바르게 내면아이를 보살펴야 한다. 막막함 속으로 들어가면 그 아이도 우리 자신도 구원을 받을 수 있다.

반쪽 말하기

반쪽 말하기는 말이 반이고 침묵이 반이다. 우리는 말을 통해 내가 누구인지를 알게 한다. 의미는 말 뒤에 따라온다. 그러므로 말을 하되 반쪽 말을 해야 상대방에게 의사 전달도 잘 된다. 이 말은 곧 쓸데없는 말을 많이 하지 말라는 데 대한 역설이다. 왜냐하면 혀는 아무리 말을 해도 지치지 않으니까. 말은 혀를 놀리는 게 아니라 마음에서 바로 꺼내야 한다.

말에 앞서 생각을 많이 하게 되면 의미는 희미해질 수 있다. 내면아이에게 말을 건넬 때도 생각보다는 진솔한 한 마디가 먼저 나가도록 해야 한다. 다른 감정이 개입하지 않도록, 즉 내면아이에게 인간의 존재와 본질에 대하여 질문을 던진다는 점이다. 이것이 반쪽 말이 지니는 의미이다.

자신에게 몇 가지 질문을 던져 보자. 자신의 독특한 능력은 무엇인가? 누군가가 할 수 없다는 그것을 과감히 실천하고 있는가? 자신은 이런 생각을 가지고 일을 하는데 다른 사람이 개입하면 어떻게 일을 처리하는가? 남들의 딱딱한 어투를 관찰하며 자신은 어떤 부드러운 어투를 사용하고 있는가? 남들이 자신의 소질이나 능력을 인정할 때 자신은 그 사람에게 어떤 칭찬의 말을 하는가? 다른 누군가 하는 일이 못마땅할 때 자신은 무엇을 하고 있는가? 자신이 미처 느끼지 못한 사랑하는 사람의 언행이 매력적으로 보일 때 자신은 그 사람에게 어떤 점을 돋보이게 하고 싶은가? 이러한 질문에 대한 대답을 반쪽 말하기로 해 보자. 자신에게 좋은 점들은 누군가에게 도움이 된다는 사실을 잊지 말고 되도록 긍정 자존감을 향상시키도록 힘써야 한다.

말은 머리가 끌어가면 딱딱하고 향기가 뿜어져 나오지 않는다. 말을 머리보다 한 박자 앞에 둬야 굴렁쇠가 굴러가듯이 자연스럽게 굴러간다. 말이 머리보다 앞서야 말의 목적은 열매를 맺을 수 있다. 말을 어떻게 하는지도 중요하지만, 말이 있을 자리에 말을 앉힐 때 진솔한 언어를 사용하는 것이 필요하다. 말은 우리 자신의 내면아이를 치유하는 데 그 목적을 찾을 수 있도록 도움을 줄 수 있기 때문이다. 사람들은 광범위한 삶의 경험을 가지고 있다. 우리는 이러한 경험을 토대로 새로운 정보를 공유하며 그 정보를 체계화하여 자기 삶의 질을 향상시킬 수 있음을 알아야 한다.

우리는 조직화한 사회 속에서 독립된 인격체로서의 삶을 살아가고 있다. 그 때문에 말을 하되 생산적인 말을 해야 한다. 그것은 많은 경험에 따라 자신의 문제 해결뿐만 아니라 삶의 발견과 목적을 향해 한 걸음 나아가는 일종의 지지 역할을 하고 있기 때문이다. 예를 들어, 내면아이가 말의 꼬리를 잡고 얼토당토않은 말을 할 때는 그 아이가 어떤 아이인지, 어떤 생각을 하고 있는지를 파악해야 한다. 화가 난다고 말하는 중간에 끼어들어 말을 한다면, 이미 그 순간 패배

자가 된다. 내면아이에 대해 알고 있는 것이 많더라도 그 아이의 말의 핵심을 찾아 그 아이가 제시하는 말에 자신의 반쪽 말을 더해야 함을 명심해야 한다.

잠시 방향을 바꾸어 반쪽 말이란 앞에서 언급했듯이, 내면아이로 하여금 우리가 하는 말을 듣고 행동으로 옮기거나 다시 한 번 생각하게 해 주는 능력이다. 이러한 반쪽 말하기를 통해 자신의 의사를 적극적이고, 좀 더 분명하게 표현할 수 있다. 동시에 내면아이의 치료자로서 내면아이가 정확하게 인식할 수 있도록, 즉 상호관계를 신뢰하고 증진할 수 있도록 만들 수 있다. 이창호스피치는 "상대에게 자신의 의견을 분명히 드러내는 사람은 자신감 있어 보이며 당당해 보인다"고 주장한다. 말솜씨란 "여러 사람에게 자기의 의견을 토로하는 것"이라며 말솜씨를 훌륭하게 전달하는 방법에 대해서 칭찬의 힘이 그 한 몫을 차지한다며《세상을 이끄는 스피치의 힘》에서 그의 견해를 밝혔다.

이처럼 반쪽 말하기는 누군가에게 어떠한 목적을 위해 하는 말이다. 이러한 행위는 언어 매체를 빌려 메시지를 전달하고 상대를 받아들이는 것을 의미한다. 그리고 양방향의 소통이 원활하게 이루어질 때 비로소 대화가 성립한다. 내면아이와의 대화에서도 이른바 T.P.O라는 것이다. T는 때Time, P는 장소Place, O는 상황Occasion 으로서, 이들 세 요소는 대화의 목적을 달성하기 위한 불가분의 조건이다. 이는 바로 내면아이와의 대화 속에서 내면아이의 호흡에 자신의 호흡을 맞추어 감으로써 긍정 자존감을 향상시키는 가장 중요한 열쇠인 것이다.

욕망 해방하기

욕망은 인간의 행동을 일으키는 동인이다. 다시 말해 욕망은 인간을 살아가게 하는 동력이다. 우리가 욕망을 채우면 기쁘지만, 욕망이 주는 의미는 그 이상이다. 욕망을 가짐으로써 자신이 높이 평가받고 있다는 자긍심을 느낄 수 있다. 동시에 자신이 미처 깨닫지 못했던 자신의 능력을 인정받음으로써 자신의 진가를 더욱 발휘할 수도 있다. 여기에서 우리는 내면아이의 욕망을 파악하고 서서히 그 아이가 욕망을 채울 수 있도록 잘 보살펴야 한다.

우리 안에 사는 내면아이는 미처 자신이 깨닫지 못한 상처 난 욕망이 무의식 속에 분명 산재해 있을지도 모른다는 사실을 일깨워 준다. 그래서 우리는 내면아이의 마음에 용기와 열정을 불어넣어야 한다. 내면아이의 마음 그 안에 새로운 꿈을 꾸게 하고 한편 꿈꾸던 욕망을 채워 줌으로써 기쁘게 성장할 수 있는 가능성을 심어 주는 마법의 역할을 담당해야 한다.

욕망을 나열할 때 자신의 내면에 차 있는 욕망을 사탕처럼 말로 굴려 볼 필요가 있다. 내면아이가 무엇에 의존하는지, 그 욕망의 실타래를 어떻게 풀어나가야 할지, 말이 안 된다고 생각할 때는 말하는 방법을 바꿀 필요가 있다. 사람은 누구나 어떤 말에 관해 관심을 가질 수 있다. 켄 블랜차드Ken Blanchard는 다른 사람들이 잘한 일에 초점을 맞추고 긍정적인 일을 강조하며, 벌을 내리기보다는 시간을 주는 태도를 가지라고 말한다. 이는 말이 진정한 힘을 발휘하도록 하려면 우선 상대의 장점과 그 사람의 잘한 일들을 세심히 지켜봐야 한다는 의미이다.

이것은 내면아이를 욕망에서 해방하기 위해서 그 아이에게 관심을 가지고 그 아이의 장점과 능력을 인정하고 지지해야 한다는 것을 의미한다. 인간은 꿈이 없으면, 욕망을 채우지 못하면 결코 살아가지 못한다. 욕망을 얻는 순간 그 욕망은 저만큼 달아난다. 학문, 돈, 권력, 성적 추구도 이런 맥락에서 이해할 수 있다. 예를 들어 타는 목마름을 물로 채웠다면 그것으로 욕망을 충족시키지 못하고 욕망은 다른 대상으로 옮아가는 것이다. 프로이트는《쾌락의 원칙을 넘어서》에서 "욕망을 충족시키는 대상은 죽음뿐"이라고 말한다. 또한 "욕망들이 깨끗이 사라져 버리지 않고 억압되어서 무의식으로 남아 의식에 영향을 준다."고 말한다.

따라서 우리가 해야 할 일은 어릴 적에 받은 상처가 흔적으로 남아 어떤 증상들이 나타나는지를 관찰하는 것이다. 프로이트는 꿈뿐만 아니라 말실수에서도 억압된 욕망이 표출되는 것을 다룬다. 환자의 증상의 원인은 심리적 동기를 추적할 수 있다. 인간은 언어를 통해–물론 몸짓언어도 있겠지만–존재할 수 없기 때문이다. 라캉은 "언어는 무의식처럼 구조화되어 있다."고 한다. 이는 말이 미끄러져 의미가 수없이 확산하는 것을 의미한다. 아무리 고된 노동이라도 노래를 부르면 힘이 실리는 '노동요'처럼 그 의미는 다른 의미로 미끄러진다는 속성을 지니고 있는 것이 언어, 욕망의 힘이다.

욕망은 반전의 힘이다. 이것을 얻으면 저것을 갖고 싶게 되는 것이 사람의 심리이다. 일상 속에서 이것과 저것 사이에 새로운 뭔가를 채워 넣어야 삶에 전환이 일어나게 된다. 예를 들어 '봄이 오고 여름이 왔다'라는 연결보다 '봄이 오고 가을이 왔다'는 연결에 힘이 있다. 다시 말해 a=b일 때 b대신 c를 가져와 a를 얘기해 보자. 다니엘 카너먼은 "우리가 세상을 어떤 관점에서 규정짓고 세상을 어떻게 해석하느냐는 언제라도 변할 수 있다"라고 한다. 덧붙이면 긍정 정서로 긍정 자존감을 살리려면 비유를 제시하는 방법을 이용하여 자신을 상징적으로 표현할 수 있다.

잠시 부정적인 욕망을 들여다보자. 부정적 욕망의 덫에 빠지기 전에 마음 상태를 점검해야 한다. 자기 생각을 억누르거나 "나는 이렇게 꼭 해야 해" 또는 "이렇게 될 거야" 따위의 욕망은 유익하지 않다. 이때 건전한 생각으로 대체하는 것이 더 쉽다. 절박한 욕망의 진실을 안다면 우리는 더는 예전의 우리가 아니다. 우리가 지금 여기에 있어도 지금 여기가 아니다. 부정적인 욕망을 알아차리고 극복하려면 자신을 상징적으로 표현하는 방법을 사용해 보자. 마음이 불쾌한 느낌을 알아차리면 신호를 보내온다. 우리 마음을 주의 깊게 훈련할수록, 서투른 욕망이 자신이나 다른 사람에게 미칠 불행을 더 잘 알아차리게 된다. 예를 들어서 나는 태양이다, 나는 지치지 않는 바람이다, 나는 바다이다, 등은 불쾌한 마음이 느껴질 때 그 느낌을 비유로 대체를 하는 것이다. 우리가 지금 당장 보고 있는 것이 반드시 진실이라고 단언할 수 없기 때문이다.

소월의 〈진달래꽃〉은 인간의 이야기이기 때문에 '사뿐히 즈려밟고 가시옵소서'는 현재 상황이나 행동을 설명하는 데도 유용하게 사용할 수 있다. 특히 인간의 욕망은 삶의 방향을 제시하는 데 활용할 수 있을 뿐 아니라, 우리 개인의 삶을 바꾸는 데도 활용할 수 있다. 현재의 우리의 삶은 우리의 욕망이 우리 자신에게 어떤 영향을 미쳤는가를 보여준다. 이것은 오늘의 우리의 삶은 과거에도 그랬듯 그 누구도 예측할 수 없었던 욕망의 힘의 산물이다. 이러한 어떤 유형의 욕망은 학습 가능한 것이 있지만 학습으로는 배울 수 없는 유형의 욕망도 있기 마련이다.

수컷 반딧불은 제 욕망을 좇아 암컷의 먹이가 되고 만다. 결국 암컷은 제 욕망을 얻은 후 수컷을 제 먹이로 삼는다는 것이다. 이는 우리가 추구하는 욕망은 결국 대상에 상처를 내고 자기 삶을 이식하는 존재로 상황을 뒤바꿔 버린다. 변덕스러워 예측할 수 없는 욕망이란 이름으로 그럴듯하게 포장한다는 것이다. 이때 우리는 가짜 욕망과 진짜 욕망을 구분할 수 있어야 한다. 만약 내면아이의 욕망을 채워 줄 단기적인 미래를 예측하는 능력조차 변변찮으면 장기적인 미래를 예측할 때는 더욱 세밀하게 내면아이를 대해야 한다는 것을 명심해야 한다.

앞에서 언급했듯이 대체 기술을 배우면 성공 가능성이 높다고 할 수 있다. 우리의 능력에 대해 스스로 자신감을 얻기 때문이다. 이것은 언제고 필요할 때 우리의 마음을 다지는 일일 뿐 아니라 자신을 새롭게 거듭나게 하는 힘의 원천이자 원리를 이용하는 방법이다. 겉으로 보기에는 기적 같은 일들이 일어나는 것을 볼 수 있다. 하지만 실제로는 훈련에서 비롯된 것이다. 훈련은 궁극적으로 들끓는 우리의 욕망을 정교하게 조율하는 도구이다. 오직 이것만이 모든 욕망으로부터 우리를 해방할 수 있다. 우리가 느끼는 해방감은 긍정 자존감을 향상시키는 데 있어 최대의 자극제 역할을 한다.

행동화하기

인간의 모든 행동은 라캉이 말하는 '그것'으로부터 벗어날 출구를 제공한다. 붓다는 "본능적으로 우리는 반응하는 자다. 사려 깊을 때 우리는 행위자가 되는 것이다."라고 한다. 결국 우리는 어떤 반응에 반응하되 그 반응이 정확히 무엇을 의미하는지 알아차려야 한다. 이때 우리는 바로 반응의 내용을 알아차릴 수 있는데 그것이 옳은지 그른지를 아는 것이 중요하다. 우리는 부정적인 반응은 놓아 버리고 긍정 자존감을 향상시키는 다른 것으로 대체시키는 방법을 배울 수 있다.

다른 것으로 대체시키기 위해서는 우리 안의 하드웨어에 어떤 프로그램이 내장되어 있다는 사실과 그것이 무엇으로 구성되어 있는지를 알아야만 한다. 프로그램에서 발생하는 것에 주의를 기울여야 한다. 나아가 세부적인 것을 조사해야 한다. 그 프로그램들을 좀 덜 믿을수록, 그것들에 기대를 적게 할수록, 그것들이 가는 대로 놓아 둘수록 우리는 더 많이 행복해진다는 사실을 명심해야 한다. 여기서 세부적인 프로그램을 주시한다는 것은 '정확하게 아는 것'을 의미한다. 불건전한 요인들을 피하고, 불건전한 마음 상태를 극복하고, 건전하고 희망이 담긴 마음 텃밭을 만들어 새 생명의 씨앗을 심어야 한다.

자신을 섬기기 위해서는 자신의 불건전한 욕망으로부터 탈출만 하면 된다. 사랑하는 '나'를 섬기기 위해서는 우선 자유로워져야 한다. 동시에 자기에게 있는 것이든 이웃에 있는 것이든 모든 것이 무가치하지만 사랑하겠다는 결심에 대한 책임을 직면해야 한다. 인간 마음의 저변에는 무가치한 쓰라림의 고통이 깔려 있다. 강력하게 자신을 섬기지 않으면서도 평온한 마음을 가질 수 있는 사람은 없다. 설령 있다고 해도 그 사람은 자신의 가치에 대해서는 전혀 모르고 자신의 잘못을 다른 사람에게서만 명료하게 찾는 사람이다.

자신을 사랑하지 못하는 사람은 자신을 무가치하게 느끼고 동시에 가치 있는 사람은 아무도 없다고 여긴다고 한다. 토마스 머튼은 "자신이 사랑받을 가치가 없다고 생각하고 또 그 때문에 가치 있는 사람은 아무도 없다고 생각하기 때문에 사랑을 느끼지 못하는 것 같다"고 한다. 덧붙이면 그런 사람이 하는 변명 중 그 어떤 것도 고유한 정당성을 가지고 있지 않으며, 그것들은 단지 괴로운 느낌에 대한 반응하는 마음일 뿐이다. 자신의 마음과 친숙하지 않으면 그 마음을 내버려 둘 수밖에 없다.

버려진 마음은 잠들지 않는다. 곧 무디고 흐릿할 뿐이며 그러한 마음상태는 대부분 우리 자신의 고통을 살펴보는 것을 원하지 않음에서 비롯되는 것이다. 이 경우 자신과 일치하지 않는 자아를 내다버리고 혹은 없애 버림으로써 무가치한 자신에 대한 증오만 키우게 된다. 자신의 삶에 있어서 자신의 욕구, 절망, 희망 등의 뜻이 무엇을 의미하는지 알고 싶다면 다음과 같은 생각을 하는 것이 좋다. 나는 나 자신과 하나가 되기 위해서 내게 필요한 모든 것 안에 확실히 있다는 것을 직시하는 것이다.

토마스 머튼Thomas Merton에 따르면 우리에게 요구되는 것은 자연법 안에 있다는 것이다. 그는 '다른 사람들에 대해 연민의 정을 가지고 있지 않다면 나는 다른 사람들을 사람으로 대할 수 없다'고 한다.

이 말은 누군가 고통을 겪을 때 그 고통의 쓰라림을 느낄 수 있어야 하며, 그 고통으로 무엇인가를 느껴야 한다는 뜻이다. 고통을 인식할 충분한 동정심을 자연스럽게 느끼지 못한다면 진정한 인간적 삶을 살 수 없다는 사실은 불을 보듯 자명하다.

> 우리는 다른 사람에게 우리가 원하는 대로 대해 주기를 바라듯이 다른 사람들을 대해야 한다는 것이며, 다른 사람들이 우리에게 하기를 바라지 않는 것을 우리도 다른 사람들에게 하지 않는다는 것이다. 간단히 말하면 자연법은 우리가 다른 사람들도 우리의 것과 같은 본성과 욕구, 권리와 운명을 가지고 있다는 것을 알아야 한다는 것이다. 모든 자연법의 가장 평범한 요약은 다른 사람들을 사람으로 대하는 것이다.

이것이 우리 모두에게 주어진 우리의 바람이다. 또 다른 사람의 기쁨과 고통, 그들의 생각과 필요한 염원을 나누지 못한다면 그들은 자신의 삶에 순응하지 못하는 불행한 자로 남을 수밖에 없다. 그러나 우리가 우리 자신을 찾아서 알 수 있는 것은 바로 우리 안에 참자기와의 일치를 발견하는 기쁨을 즐기는 것이다. 이때 새 생명이 우리 안으로 들어오고 우리의 참자기는 사랑의 능력을 발휘하기 시작한다. 걱정에 갇혀 있는 우리를 해방시켜 주고 자비를 체험함으로써 우리가 누구인지를 알 수 있다.

자신으로부터의 진정한 탈출은 오직 하나뿐이다. 그것은 갈등과 불안과 고통으로부터의 탈출이 아니고 내면아이의 분열과 분리로부터 진정한 자기와 사랑을 이루는 일치된 평화에로의 탈출을 의미한다. 동시에 자신으로부터의 탈출은 이기심으로 그릇된 지나친 욕망으로부터 그리고 원치 않는 망상으로부터의 탈출인 것이다. 이기심으로 자기를 어둠 속에 가두어 두게 될 경우 사람은 자기 안에 있는 어둠의 세력이 자신을 차지하거나 아니면 미치게 하는 상황에 부딪치게 된다는 것을 명심해야 한다. 긍정 정서와 긍정 자존감을 향상시키는 훈련을 통해 어떠한 가치판단도 하지 않고, 전적으로 있는 그대로의 느낌을 적극적으로 수용해야만 한다. 우리의 몸을 위해 투자하듯이 마음에도 투자해야 한다.

chapter 6

시간을 관통하는 긍정 자존감

인정하는 말

마음 그림

함께하는 시간

과거 창조

시간의 자기화

인정하는 말

인정의 언어는 우리의 마음에 바람의 날개를 달아준다. 하늘을 나는 연이 실패와 연결된 것과 같다. 두 주체의 마음이 잘 통하게 하나로 일치시키는 것이다. 우리는 인정의 언어를 통해서 서로의 마음 안에서 은밀한 사적 비밀까지도 친밀하게 체험할 수 있다. 특히나 인정하는 말은 우리의 다른 자아로서 우리의 깊은 내면에 현존한다. 인정하는 말은 우리의 입을 빌려 이 세상에 뿌려진다. 동시에 모든 사람과 사물에 참여함으로써 언어가 곧 우리 안에 살며 꽃을 피우는 것이다.

우리에게 새로운 생명을 주는 것은 인정이지 고가의 다이아몬드가 아니다. 인정의 말은 우리를 이끌어 푸른 하늘을 훨훨 날게 한다.

솔로몬은 잠언에서 "죽고 사는 것이 혀의 권세에 달려 있다"고 했다. 우리는 같은 공간 안에 있되 서로 다른 인정의 언어를 사용한다. 영어와 중국어가 다르듯이 인정의 언어 또한 각자 서로 다를 수밖에 없다. 상대가 사용하는 인정의 언어를 사용할 줄 알면 의사소통은 그만큼 유리할 것이다. 사실 같은 언어를 사용하지만 사실fact이 다르면 세상은 완전히 다르게 보일 수밖에 없다.

한 가지 사실을 두고도 해석이 각기 다르다면 그 이야기에서 벗어나지 말자. 그때는 그냥 알아차리는 것이 가장 좋은 방법이다. 여기 이 찻잔을 보라. 그 온도가 전달되는가, 뜨거운가, 차가운가? 가만히 만지고 있으면 그 온도의 변화를 심리적·육체적 감각으로 측정할 수 있을 것이다. 우리도 대화에서 이것을 알아차려야 한다. 만지는 사람의 감각 온도에 따라 그 온도의 느낌은 분명 다르다.

"어머, 그 넥타이 아주 아주 잘 어울려요."

"당신은 나를 위해 태어난 사람 같아요."

"당신의 요리 솜씨는 일류 주방장 저리 가라예요."

"선생님은 누구도 실망하게 하지 않을 믿음이 태산 같아요."

"내가 너무 힘들 것 같아 업무를 도와주시는 거죠?"

이렇게 인정의 언어를 사용한다면 생활에 어떠한 변화가 일어날까?

언어의 차이는 문화의 한 단면이겠지만 효과적으로 의사소통을 하려면 반드시 그 문화권을 이해해야 한다. 더욱이 요즘과 같은 글로벌 시대에 한국의 k-pop은 전 세계적으로 주목을 받고 있는 게 사실이다. 노래뿐만 아니라 영화나 드라마 역시 그 인기를 세계적으로 누리고 있다. 〈겨울 연가〉, 〈대장금〉, 〈태양의 후예〉 등 그 효과와 가치는 금전적으로 헤아릴 수 없을 만큼 어마어마하다. 이런 우리의 문화의 뿌리는 어디에서 시작되었을까?(물론 작품성이 뛰어나기 때문일 것이다.)

세계인의 마음 안에서는 스파크가 일어나듯 계속 변화가 일어난다. 우리나라 아이돌그룹 방탄소년단이 2017년 12월 'MIC Drop'으로 빌보드 차트에서 28위에 올랐다. 싸이psy가 '강남스타일'과 '젠틀맨'으로 히트를 했던 2012년과 2013년 이후로 대히트를 치고 있는 것이 바로 방탄소년단이다. 방탄소년단을 제외하고는 k-pop 아티스트 중 그 누구도 빌보드 차트에서 10위권 안으로 진입한 적이 없다. 더욱이 방탄소년단의 'Fake Love'는 영어로 되어 있지 않은 곡들 중, 빌보드 차트 역사상 17번째로 탑텐에 오른 곡으로 기록되었다.

어쨌든 백인 주류의 사회에서 동양인 소년들, 그것도 한국의 보이 그룹이 빌보드 차트에서 활약하고 있다. 이것은 세계의 시선을 끌 수밖에 없는 게 사실이다. 그것도 영어가 아닌 한국어로 부른 노래가 말이다. 이는 의사전달에 있어서 가장 중요한 것은 인정이라는 사실을 배제할 수 없다는 것을 보여준다. 우리가 누군가를 처음 만났을 때 6초 안에 상대의 첫 이미지를 통해 그 사람의 성향을 80%는 파악한다고 하지 않는가. 더욱이나 목소리가 38%를 차지한다고도 한다. 영어가 아닌 한국어와 방탄소년단의 호소력 짙은 음악성과 그들의 인정의 언어는 우리말이 지닌 인정이 어떠한가에 따라서 그 사람의 인정 말이 끼치는 영향은 사뭇 다를 것이다.

시인 이성복의 말하기 방식을 한번 눈여겨볼 필요가 있다.

점 하나가 있으면 아무것도 아니지만
점 두 개가 있으면 선이 되지요
점 세 개가 있으면 면이 생겨요
우리는 글쓰기를 통해 반드시 면(面)을 만들어야 해요

여기다 점을 하나 더 보태면 길이(높이)가 생기는데
그건 '말할 수 없는 것'에 닿는 거예요

이처럼 말은 면, 즉 내면으로 들어가서 자리를 잡음으로써 그 높이와 깊이를 만들어 낸다. 인정의 말은 글쓰기와 마찬가지로 면을 만들어 나가는 것이다. 어떤 사람은 인정의 말로 면을 만들어 나감으로써 상대의 참모습과 자신의 참모습을 아주 간단히 찾아낸다. 이것은 긍정 자존감의 훈련을 통해 쉽게 시작하는 방법 중 하나이다. 그렇다고 누구에게나 다 해당한다는 것은 아니다. 그와 반대로, 노력하는 것이 도리어 인정의 말을 불가능하게 할 수도 있다. 하지만 단순히 상대에 대한 자신의 감정을 막연히 떠올려만 봐도 상대가 주는 느낌을 짧게나마 알게 될 것이다.

자신이 만들어 낸 긍정적인 인정의 말이 많은 가치와 사랑을 만들어 냈을 경우에는 이를 다시 반복하면서 다양한 사람에게 활용해야 한다. 특히 자신만의 독특한 인정스피치 계발을 한다면 많은 사람에게 인정의 언어를 전파할 수 있을 것이다. 사람들은 인정의 말을 들은 만큼 그 상대에게도 인정의 말을 환원하게 된다. 예를 들어 사람들은 누군가 아무런 말을 하지 않아도 그 사람 표정만으로도 그 사람이 화가 났다는 것을 알아차릴 수 있는 능력을 지녔다. 그에게 다가가 "당신이 얼마나 상심해 있다는 것을 알 수 있어요. 충분히 화가 날 만한 일이죠." 그러한 말 몇 마디는 대단한 효과를 나타낸다. 이것은 인정의 말에 자존감을 비추어 주는 요인들이 더해져 인간관계를 돈독하게 구축하는 요인이 되는 것이다.

마음 그림

그림은 지적이며 영적인 최고의 표현이다. 그림은 깨어 활동하고 있다는 생명 그 자체이다. 그것은 영적 놀라움이다. 존재에 대해서 스스로 우러나오게 하는 경외이다. 그것은 우리 안에 보이되 보이지 않는 초월적이며 무한히 풍요로운 원천으로부터 나오는 것이다. 그림은 무엇보다 그 원천의 실체를 인식하는 것이다.

그러므로 우리의 단순한 이성 너머의 설명할 수 없는 그 무엇이기도 하다. 결국 그림은 보면서 알지 못하는, 무엇인지를 파악할 수 없는, 아니 파악할 수 있는 그 무엇이다.

모든 사람은 어린 시절에 마음에 그린 그림이 있다. 반복되는 그림은 성격을 형성하고, 그 성격은 인격을 만들다. 동시에 운명을 결정하게 된다. 필자는 오랜 세월 학생들을 가르치고 있다. 어린 시절 부모로부터 상처를 받은 학생일 경우 그림에 생명을 위협하는 무기들이 많이 등장한다. 도끼, 총, 톱, 칼 등이다. 언어 사용에 죽음, 공포, 좌절, 절망, 어둠, 깜깜함, 지하 등으로 나타난다. 이러한 습관은 긍정 정서로 되돌릴 수 있도록 노력을 하는 만큼 학생들은 긍정 정서로 귀환한다는 것을 명확히 알 수 있다.

마음에 어떤 그림을 그리느냐에 따라 그것을 행동으로 옮길 수 있다. 그 행동은 성품을 만들고 한 생애를 살아가는 데 있어 감사와 축복으로 연결될 것이리라. 마음속에 어떤 그림을 그리느냐는 곧 좋은 습관을 만들어 내고 창의적인 사람으로 발전하게 만든다. 우리나라는 가부장적 사회의 문화가 이어져 오면서 억압당하고 좋은 마음 그리기를 계발하지 못했다. 특히나 남아일언중천금(男兒一言重千金)이라는 묵음을 좌시하는 환경이 자신을 충분히 표현하지 못하게 만든 것은 주지의 사실이다.

이러한 것은 특히 부모와의 소통 부재로 나타난다. 부모는 자녀에게 최초의 세상이며 최고의 스승이다. 자녀는 부모가 말하고 행동하고 관계를 맺는지 그리고 일 처리를 어떻게 하는지 그 모습을 보면서 성장한다. 우리나라 최초의 스피커 이창호 박사는 자녀 교육은 부모의 모방학습이라고 말한다.

> 자녀의 사회적 학습은 접촉하는 개인의 행동을 모방함으로써 시작된다. 따라서 모방적 행동은 사람의 학습을 가능하게 하는 가장 기본적인 행동이며, 이는 모든 사람에게 공통적으로 나타나는 행동이다. 사람은 자기에게 유리한 타인과 보상을 받을 수 있는 타인을 모형으로 삼아 칭찬과 보상을 받기 위하여 그 행동을 모방한다.
>
> 또 그 칭찬과 보상은 모방 행동을 더욱 강화하고 지속시키는데, 이 과정을 통하여 사회화하는 것이다. 다시 말하면 사람은 자신이 직접 경험을 하지 않아도 다른 사람들의 행동이나 결과를 관찰함으로써 새로운 행동양식을 체득하거나 반응패턴을 변용할 수 있다. 예를 들어 자녀는 주위 사람들의 언어를 듣고 언어를 획득하지만. 그 외에는 사람의 모든 행동 분야에 있어서 중요한 역할을 하고 있다.

이처럼 사람과 사람 사이의 상호작용을 통하여 모방학습을 한다는 것은 다시금 눈여겨볼 대목이다. 그런데 때때로 부모는 어떤 것에 대한 자녀의 의사를 무시하고 결론을 제시하는 역할을 한다. 그럴 경우 수용자인 자녀는 본능적으로 불쾌감을 느끼게 될 것이다.

그러면 무슨 일이든 내 멋대로 해 보겠다는 도전으로 받아들여질 뿐만 아니라 부모를 강하게 자극할 수도 있다. 이럴 경우 부모의 자녀 교육은 설득력을 잃을 수밖에 없다. 따라서 자녀의 마음 그림을 잘 읽으며 절대 진리는 없다는 사실을 알고, 부모는 자녀에게 자신의 의견을 제시하는 것을 자제해야 한다.

또한 자녀는 부모의 교육에 수긍은 하지만 구체적인 실행에 옮기는 데 시간이 걸릴 수 있다. 자녀가 "예"라고 대답은 앞세웠지만 어떻게 해야 할지 뜸들이기 쉽다. 반면 부모의 강요를 못 이겨 허투루 대답부터 했을 가능성이 있다. 자녀의 마음 그림을 유심히 관찰할 중요성이 여기에 있다. 자녀가 "예"라고 결정한 마음을 실행할 수 있도록 부모는 그 구체적인 방법을 알려주어 자녀가 잘 따를 수 있도록 도와주어야 효과적이다. 부모는 자녀의 경험, 혹은 학습 수준별에 대한 경험을 토대로 새로운 정보를 체계화해야 한다. 그 범위를 자녀 스스로 잡아 나갈 수 있도록 개방적 학습을 할 수 있는 데 초점을 맞추는 것이야말로 자녀를 최고의 자리로 인도하는 길이 될 것이다.

이처럼 상대방의 마음을 얻기는 쉽지 않다. 우선 설득을 하기 전에 충분한 정보 조사는 필수사항이다. 상대의 화법이나 성향 그리고 지향하는 것에 대한 관심사 등은 대화를 통해 공통점이나 공감대를 형성할 수 있다. 이때 설득해야 할 실마리를 만들어야 한다. 다양한 창의적인 아이디어가 모이면 무한한 에너지가 발휘된다는 것을 잊지 말고 접근해야 한다. 우선 자신의 불합리한 생각에서부터 벗어나야 한다. 스피커 이창호 박사는 "스마트 사회에서 걸맞지 않은 실패의 요인들을 과감히 삭제하고, 새로운 창의적 데이터로 자신의 인생을 업그레이드시켜야 한다."고 소통의 힘에 대해서 말한다. 상대방의 마음을 자극할 수 있는 결정적 한 마디는 하늘을 날아오르지 않아도 꽃구름을 만지는 것과 마찬가지다. 재치 있는 터치로 서로의 마음을 그리는 행위는 모든 생물과 무생물에까지 영향을 미치는 만큼 매우 중요하다. 그림을 그릴 수 있도록 여유를 주는 것은 매우 중요한 설득 방법이다.

함께하는 시간

함께하는 시간은 상대에게 온전히 관심을 집중시켜 행복을 누릴 수 있는 지금-여기-이 순간을 의미한다. 함께하는 시간은 상대의 숨소리 리듬을 함께 타는 평온이다. 결코 상대에게 무얼 요구하며 조르는 시간이 아니다. 다양한 분야의 사람들이 함께하는 시간은 엄청난 변화를 일으킨다. 그 변화의 물결은 긍정 자존감을 더욱 향상되게 만든다. 이로 인해 현재의 삶, 혹은 미래에 대한 구체적인 대안을 제시할 수 있는 목표를 설정하는 데 큰 도움이 된다. 그뿐만 아니라 글로벌 시대에 적응하기 쉽고 당당한 사회인의 한 사람으로서 언제 어디서나 사람들이 공감할 수 있는 스피치를 잘 할 수 있는 계기의 장이 된다.

이때 우리는 보다 높은 새로운 긍정 자존감으로 겸비한 스피치 능력을 발휘해야 한다. 세상 모든 분야가 전문화됨에 따라 각 분야의 전문인들은 자신의 분야에 대해 말할 기회가 많아진다. 피터 드러커Peter F. Drucker는 "인간에게 가장 중요한 능력은 자기표현이다"라고 강조했다. 따라서 개인이든 집단이든 사회 공동체이든 목표를 달성하기 위해서 커뮤니케이션이 그만큼 중요하다는 것을 강조한 것이다. 어떤 사람은 한 전문분야에서 뛰어난 기술과 성과를 이룩했지만 말재간이 부족해 인정을 제대로 못 받는 경우가 있다. 반면 어떤 사람은 언어구사 능력이 뛰어나 그 분야에서 최고 이상의 대우를 받기도 하지 않는가 말이다.

다른 한편, 함께하는 시간 속에서는 방해 요소들의 출현을 막을 수 없다. 그들도 함께하는 시간의 일부분이며 우리가 동의하든 그렇지 않든 간에 그들 자신의 정의와 규정에 따라 말을 할 테니까 말이다. 그러나 그들에 휩쓸리거나 쫓기듯 그 자리를 피할 수 없다. 단지 우리는 그들의 말을 들음으로써 그들이 전하고자 하는 핵심을 꿰뚫어 그 핵심에서 벗어나는 사항이 있을 때 설득하는 것이 최선이다. 우리에게 동시에 두 가지 생각이 공존할 수 없다는 명백한 사실을 잊지 말아야 한다. 왜냐하면 말이라는 것은 지금 이 순간에 말하는 것이라 해도, 그 말은 찰나에 지나간 그 순간의 말이기 때문이다.

그러므로 함께하는 시간 동안에는 서로에게 관심을 집중시켜야 한다. 차 한 잔을 마신다든지, 주변 분위기에 관해서 이야기를 한다든지, 주변 광경을 볼 때도 하나의 사물에 관해 이야기를 만들어 내고 서로의 마음을 보면서 대화를 나누어야 한다. 말 한 마디로 상대의 마음을 사로잡을 수도 있다. 하지만 한 마디 말은 상대의 마음과 영혼 깊이 스며들 수 있도록, 갓난 아기의 배뱃짓 웃음처럼 해맑고 포근해야 한다. 내가 사랑을 느낄 때 상대도 똑같이 느끼는 것이 아니라는 것을 알아야 한다. 어쩌면 내가 구사하는 사랑의 언어는 상대가 원하는 어투가 아니라든지 만족할 수 있는 말이 아닐 수 있다. 상대에게 알맞은 사랑의 언어로 관심과 사랑을 표현해야 한다. 마치 졸졸졸 흐르는 개울 물소리 같은 말은 결코 잊을 수 없다.

오직 사랑의 언어로 대상을, 그리고 세상을 바라봐야만 한다. 우리가 이 수행에 주의를 기울인다면, 그것이 기쁨과 슬픔, 행복과 불행, 삶과 죽음에 대한 우리의 인식방법을 바꾼다는 사실을 알게 될 것이다. 주의 깊음은 판단을 하지 않고 집중해서 바라본다는 것을 의미한다. 모든 존재에 대해 주의를 기울인다면 '너'와 '나'는 분리된 것이 아니라 동일체임을 이해할 수 있다. 다른 사람을 '나' 자신의 거울로 이용하면 우리 자신을 들여다보는 데 매우 유익하다. 거울 속의 나는 실재의 내가 아닌 단지 거울 속의 인물일 뿐이다. 거울 속의 '나'라고 규정하는 나는 말이 없다. 허상이다.

모든 사람, 저 사람은 바로 나다. 가장 좋은 옷을 입고 치장을 하고 길거리에 나선 '나'가 아닌 막 세수 끝낸 후 수건으로 얼굴을 닦기 전후의 맑은 얼굴이다. 아무 관념이 개입되지 않고 오직 있는 그대로의 사실만을 바라볼 때 많은 불만과 불신을 덜어낼 수 있다. 이것은 매일 매순간 자신을 점검하는 '깨어 있음'의 시간에 주의를 기울여야 한다는 것이다. 근본적으로 우리의 모든 능력은 평생 동안 자신을 예의 관찰함으로써 얻은 것이다. 그렇다고 해서 모두가 다 자신과 다른 사람을 유심히 관찰하는 것은 아니다. 모두가 다 긍정 정서와 긍정 자존감을 향상시키는 것도 아니듯이 말이다. 우리는 누구나 재능과 한계를 지니고 있다. 그 때문에 다른 사람과 자신을 비교할 필요가 없다.

다만 우리의 능력으로는, 다른 사람들과 모이게 되면 그들이 무엇을 얼마나 알고 있는지 모르기 때문에 그저 그가 하는 말을 주의 깊게 경청해야 한다. 그가 어떤 것을 질문했을 때 완전히 이해되지 않는 경우에도, 우리는 마치 이해한 것처럼 행동할 때가 있다. "아. 예, 아, 그래요" 우리는 고개까지 끄덕인다. 이런 반응만으로는 그 사람이 이해했는지 늘 확신을 가질 수 없다. 이때 '무슨 말인지 이해가 잘 안 돼요'라는 표정을 파악해야 한다. 동시에 차마 말을 하지 못하고 있다는 것을 알아차려야 한다. 이런 경우, 다시 이야기하면서 대화를 더 나눔으로써 비로소 내 말의 뜻을 진정으로 알게 된다. 우리는 모든 것을 간단명료한 말로 표현할 수 있다.

이렇듯 함께하는 시간은 협상하듯 자신의 주장을 내세우는 것이 아니다. 함께 서로를 이해하고 수용하면서 행복한 시간을 함께 나누는 것이다. 우리가 원하는 것은 우리가 무엇을 하든지, 상대가 어떤 일에 종사하든, 어떤 모양새이든 간에 그저 앞에 있는 사람, 즉 함께하는 사람에게 행복을 주는 것이다. 바로 나 자신이 즐거운 시간이고, 상대 또한 즐거운 시간이면 그 시간은 새로운 삶을 창조하는 시간인 것이다. 좋은 관계는 봄바람에 살랑이는 실버들에 가깝다. 좋은 관계를 만들기 위해 실버들이어야 할 필요는 없다, 사실 우리는 생생이 살아 있는 시간 속에서 위로와 사랑을 받을 것이다. 함께하는 것 자체가 기적이다.

과거 창조

인간의 삶에는 피가 솟구치는 한순간이 있다. 2018 아시안 게임 때 한국 축구가 일본을 2:1로 승리한 사실 같은 것 말이다. 한순간 솟구치는 피의 뜨거움이 우리의 인생에서 극적으로 두드러진 것이 없다손 치더라도 그건 아무런 문제 될 게 없다. 사건이 떠오르지 않아서 조바심 낼 일은 더더욱 아니다. 어쩌면 우리는 만성적으로 불안하거나 우울했던 어린 시절을 지니고 있거나, 기회조차 없어서, 혹은 떠올리고 싶지 않아 묻어 뒀을 수도 있다.

우리 안에는 버림받은 내면아이가 있다. 우리에게 '나는 진정 누구인가?'라는 질문도 중요하지만, '나에게 무슨 일이 있었지?'와 같은 질문을 던지고 해답을 구하고자 할 때 자연 치유될 가능성의 소지를 안고 있다. 우리의 어린 시절 충족되지 못한 욕구들이 어떻게 표출되었는지, 지금의 자신에 대한 애착을 가진 나머지 내면아이를 피하고 있지 않는지 점검해야 한다. 마치 외뿔소가 되어 누구에게든 공격적 성향을 표출하지 않느지, 무슨 원인에서 비롯된 것인지 살펴보아야 한다.

잠시 어린 시절을 떠올려 보자. 어떻게 표출했느냐는 수치감도 아니고 모멸감은 더더욱 아니다. 그저 그런 일이 일어났다는 것을 점검하면서 지금의 마음을 의롭게 해주는 게 중요하다. 세상에 사는 동안 우리의 의지와 정신은 다소 무감각화 될 수도 있다. 밝은 빛을 제때 제대로 받지 못했을 경우 그럴 수 있다. 우리의 본성이 선하다고는 하지만 우리의 욕망은 현실에 반대되는 환상을 어떻게든 유지하려는 경향이 있다. 우리 안에 있는 거짓 자아에 집중시키는 경향이 있다는 것이다. 우리는 자기중심적으로 태어났고, 이것이 원죄이다.

어쨌든 우리가 의식하지 못하는 내면아이가 우리의 영혼 안에 살고 있다. 그 아이가 나를 모르거나 생각하지 않고, 우리에 대해서 아무런 관심도 없고, 성장하려고 노력을 하지 않는다면 우리는 어떻게 할 것인가? 그 내면아이에게 사과 몇 마디 하고 모른 척 돌아설 것인가? 우리는 풍요롭게 살고 싶다고는 하지만 우리의 마음이 그 내면아이에게 붙들려 있다면 우리는 아직 자유롭지 못할 뿐 아니라 그 아이 곁에서 영원히 벗어날 수 없다.

중국의 노자는 "사람이 죽고 사는 것은 도가 나갔다가 들어오는 현상이다. 무에서 유로 나아가면 바로 생이요, 유에서 무로 돌아오면 바로 사(死)다"라고 했다. 산다는 것은 생명을 이어가는 것이다. 죽는 것 역시 생명을 이어가는 일이다. 이 말은 우리의 영혼 안에는 부모의 존재가 뼛속 깊이 고스란히 남아 있고 동시에 우리의 존재는 자녀에게 속해 있다는 의미이다. 우리의 사랑이 모든 사람에게 뻗어 나가지 않고 숨겨져 있다면 그것은 우리 안에 있는 부모의 생명을 우리에게 진정한 영향력을 줄 수 없는 별 것 아닌 수준으로 끌어내렸다는 것으로 해석할 수 있다.

이는 곧 우리가 우리 자신을 기쁘게 하려고 노력할 때에라도 우리는 내면아이의 욕망을 채우려는 경향이 있다는 것이다. 예를 들어, 어릴 적에 배를 곯은 사람들은 어른이 되어서도 늘 그 어린아이의 수준 그대로 있음을 보게 된다. 그들은 배불리 먹으면서도 배고팠던 어린 시절을 끊임없이 되풀이한다. 그들의 특징은 밥알 하나도 소중히 여긴다. 먹던 밥을 싸서 가방에 넣기도 하고 무슨 행사장에 가면 눈치껏 음식을 챙겨 가방 가득 넣어간다는 사실이다. 이들의 집안은 곳곳 먹거리로 가득하다. 2인 가구지만 냉장고 3대로도 부족할 정도다. 배고픔을 채우기 위한 허기를 즐기는, 배부름에 대한 열망을 즐기는, 완전히 타파하지 못하는 배고픔, 즉 허기를 찾는 텅 빈 마음을 부정할 수 없다.

마치 식욕을 채우는 것이 삶의 완성을 위한 것 같다. 알이 깨져 새가 태어난 후 버려진 껍질을 버리고 새는 어디론가 사라지지만 알의 생명은 고스란히 새에게 옮아간다. 이처럼 어린 시절 굶주린 바람들의 내면아이는 먹거리 앞에서 순간적인 인식으로 깨어난다. 그들은 그 내면아이의 배고픔을 완전히 달래기 위해 최상의 선물인 음식을 자유롭고 기쁘게 받아들이는 자아가 된다. 그 밖의 자아는 환영일 뿐만 아니라 영원히 깨어나기 어려운 허깨비일 따름이다.

이런 경우 자신의 내면아이가 호소하는 소리를 뿌리칠 수 없다. 우리는 배고픈 어린 시절의 그 내면아이의 식욕을 부추기고 있는지도 모른다. 무의식 속에서 허기를 느끼는 사람들, 자기 자신에 대한 먹거리 제공은 유난을 떨 정도다. 자신에 대한 판에 박힌 인식을 내려놓지 못하는 피상적이고 외적인 자세를 깨야 한다. 감추어진 그 내면아이는 먹고 또 먹어도 배부르지 않다고 투정을 부리는 아이이다. 그렇다고 해서 이 아이에게 먹거리만 제공한다는 것은 바람직하지 않다. 이 내면아이가 자신의 주권을 현존 안에서 찾을 수 있도록 우리는 그 아이를 새롭게 발견해야 한다.

시간의 자기화

시간의 자기화는 과거와 현재, 그리고 미래의 공존 시간을 그야말로 자기화하는 것이다. 시간을 자기화하는 것은 과거 속에 현재와 미래가 융합한 시간으로서 인간이 그 시간을 자기의 것으로 만든다는 의미를 내포한다. 머리는 의식적이지만 손은 무의식에 가깝다. 뇌는 언어를 반사하고 굴절시키지만 손은 손가락과 손가락 사이로 빠져나가는 바람의 촉감을 느낄 수 있다. 이렇듯 인간의 시간은 과거, 현재, 미래가 뒤얽혀 현재를 살게 하는 동시에 미래를 사는 것이다.

독일의 작가 괴테Goethe는 시간의 흐름의 징후를 자연 속에서 열어 보인다. 시간의 징후들은 자연, 풍속, 삶의 시간적 배경, 이런저런 정도의 순환적 시간의 배치 위에서 그 시간과 함께 읽히며 펼쳐진다. 여기에서 시간의 징후들이란, 자연을 변화시키는 인간의 손과 두뇌의 중요한 자취들, 풍속과 사고방식에 반영된 인간의 활동이나 그에 의해 창조된 모든 것들, 그리고 그것들 간의 상호작용 등을 의미한다고 한다. 무엇보다 괴테는 자연 공간과의 본질적인 관련 속에서 인간에 의해 창조된 대상들의 총체와 불가분의 관계가 있는 역사적 시간의 가시적 움직임을 탐색하고 발견했다고 한다.

괴테는 많은 물과 나무를 보았고 그것들의 필연적 성격을 보았다. 그 속에서 계획에 따라 행동한 사람의 의지 자취를 보았고, 눈으로 대충 가늠한 나무들의 나이에서 계획에 따라 행동하는 이 의지가 실현되었던 시간을 본 것이라고 한다. 여기에는 무엇보다 현재 속에 존재하는 과거의 본질적이고 생생한 자취가 있다고 강조한다. 그 자취가 본질적이고 생생한 것은 주변의 모든 본질적인 것들과의 연관과 그에 대한 모든 영향력을 행사하기 때문이라고 한다.

괴테는 박물관에나 있어야 할 골동품 같은 과거의 오피들을 유령이라 부르며 거부했다고 한다. 언젠가 괴테가 시칠리아섬 계곡을 방문했을 때였다. 안내원이 그에게 이곳에서 격렬한 전투가 벌어졌고 그 결과 유례없는 승리를 거둔 것에 대해 상세히 설명을 해주자, 괴테는 단호하게 이를 중단시켰다. 그것은 "사라진 망령들을 불러내는 치명적인 행위에 지나지 않는다"했다. 또한 "내가 그의 이야기에서 과거와 현재의 혼합을 느꼈다는 사실을 어떻게 해도 그에게 설명할 수가 없었다."는 일화가 있다. 전통회상에 냉담했던 괴테는 작은 돌들을 모았고 그 돌들을 이해할 수 있는 가장 좋은 방법은 개울물이 날라 온 광물들을 연구하는 데 있었다. 그리고 하나하나의 조각들에서 지구의 태곳적부터 항상 변함없이 존재해 온 산봉우리에 대한 표상을 얻을 수 있다는 사실이다.

괴테는 자기 자신 속에, 자기 자신을 위하여 정지된 과거에 대해 혐오했다. 그는 과거와 현재의 필연적인 연관을 보고, 이 과거가 연속적인 흐름 속에 차지하는 필연적 위치를 이해하고자 했다고 한다. 그런 그는 사라져 버린 유령을 개울가의 돌조각에 대립시켰다. 돌조각으로부터 산간 지방의 특성과 돌의 필연적 과거에 대한 생생한 표상을 창조해낼 수 있기 때문이었다고 한다. 모든 것은 시간 속에 자신만의 견고하고 필연적인 자리를 차지하고 있듯 우리 역시 과거의 시간 속에 공존하고 있다.

앞에서 언급했듯이 괴테의 시간의 특성은 과거는 그 자체가 창조적이어야 한다는 것이다. 그 과거는 현재 속에서 현재를 규정하며 창조적으로 활동해야 미래에 일정한 방향성을 제시하고 일정 정도 미래를 예정한다는 것이다. 이를 통해 우리는 시간의 충만함을 이해할 수 있다. 왜냐하면 계곡에 흐르는 물이 바다로 이어져 수증기가 되어 형성된 구름이 비로 내리는 과정은 과거나 현재나 움직이고 있다. 그렇기 때문에 인간사에서도 앞에서 언급했듯이 부모의 유전자는 내 속에 있고 내 유전자는 자녀에게 이어진다. 그러므로 과거와 현재, 그리고 미래는 공존한다.

괴테가 역사를 보는 것은 항상 지역성에 대한 심오하고 면밀하며 구체적인 인식에 기반한다고 한다. 그에게 있어 창조적 과거는 주어진 장소의 조건 속에서 필연적이고 생산적인 것으로 드러나야 한다는 것이다. 괴테는 시간 감각의 발전에서 과거와 현재를 융합시켰으며, 그 시간의 충만함은 유명한 작품《파우스트》를 탄생시켰다. 이처럼 우리의 삶의 창조적 시간은 자신의 내적인 시간과의 필연적인 관련이 있다. 그뿐만 아니라 우리에게 있어 시간과 공간은 불가분이다. 이런 의미적 영역에서 모든 인간의 시간은 소통이라는 사슬의 고리를 형성하는데, 이는 곧 시간의 자기화이다. 과거 자신의 시간 속에서의 다양한 경험은 현재 자아를 형성하고, 현실에 대한 감정적 혹은 가치평가 관계를 표현할 수 있다.

시간의 자기화는 과거 대상적·의미적 내용에 의해 특징지어진다. 그래서 우리는 별의 크기와 질량 그리고 속도에 대해서 말하기는 어렵지만, 별이 참 따뜻하고 촉촉한 생화(生花) 같다고 느낄 수는 있다. 이는 아인슈타인이 고양이가 죽었으면서도 살아 있다고 한 양자이론 같은 것이다. 이렇듯 '아인슈타인의 진정한 목적은 양자론의 불완전을 드러내고 통일장 이론으로 이를 완성하게 만드는 데에 있었다'고 《아인슈타인의 우주》는 밝힌다. 또한 코펜하겐학파 보어는 우주의 한쪽에서 발생한 사건이 다른 쪽에 즉각 영향을 미친다는 비국소적이란 점을 자인했다.

이처럼 우리는 과거의 시간을 거슬러 현재 우리 삶의 의미를 재생산해야 한다. 거창한 변화를 원하는 게 아니고 사소하고 세심한 상처 받은 영혼부터 돌봐야 함이 우선이다. 그 상처는 앞에서 말한 우주의 하나의 사건 발생이다. 이 상처는 어느 시공간을 초월하여 다른 쪽에 영향을 미치기 때문이다. 지루하고 지긋지긋한 내면아이와 친밀감을 가지고 그 아이의 이야기를 귀담아들어 주고 이야기하고 맞장구칠 수 있어야 승리하는 삶이다. 삶은 심심풀이 장난이 아니다. 상처라는 꼬임과 고통이라는 낙차가 쾌감을 만들어 낸다는 것을 명심해야 한다.

chapter 7

NVC Nonviolent Communication
비폭력 대화

비폭력 대화의 특성

의식의 불

독립적 존재

습관의 노예

접힌 날개 펴기

비폭력 대화의 특성

대화는 소통 사슬의 한 고리이다. 대화자는 자기 자신에 대해서만 만족하는 것이 아니라, 서로를 알고 서로를 반영한다. 이 상호반영이 관계를 형성하게 된다. 각각의 말은 소통이라는 공통성에 의해 언어가 서로 연관되어 다른 이야기를 엮어 나가는 것이다. 대화는 무엇보다 주어진 영역에서 거부하기도 하고, 확증하기도 하고, 보충하기도 한다. 따라서 다른 이야기들과 관계하지 않으면서 자신의 견해를 결정한다는 것은 불가능하다는 것이 대화의 특성이다.

우리는 말을 붙잡지도 놓아 버리지도 못한다. 고운 말을 할 때도 거친 말을 할 때도 그렇게 해야 한다. 그렇지 않으면 말은 생명을 잃어버리고 만다. 그러면 단절이 일어난다. 마셜 B. 로젠버그Marshall B.

Rosenberg는 《비폭력 대화》에서 비폭력 대화는 마음에서 우러나와 줄 수 있도록 우리를 이끌어 주는 소통 방법이라고 정의했다. 그는 '비폭력'이란 말을 간디Gandhi가 사용한 것과 같은 뜻으로 쓴다고 한다. 곧 우리 마음 안에서 폭력이 가라앉고 자연스럽게 본성인 연민으로 돌아간 상태를 가리켜 말하는 것이라고 한다.

언어로서 관계를 맺고 사는 것은 인간뿐이다. 우리는 어떤 관계 속에서 무슨 행동을 하든지 최대한 이해해야 한다는 것을 안다. 하지만 말처럼 쉽지 않은 게 실천이다. 감정이 격해지면 자기도 모르게 폭력적 언어가 튀어나오는 것이다. 이 폭력적 언어는 상대에게 상처를 남길 뿐이다. 이런 점에서 우리는 미처 알지 못해 얻지 못하고 놓쳐 버린 것들이 무엇인지 한번 생각해 봐야 한다. 왜냐하면 우리는 남이 원하는 것보다 우리 자신에 초점을 맞추고 있기에 그러하다.

대화에 있어서 가장 중요한 것은 폭력적 언어를 사용하지 않는다는 데 있다. 말하는 이의 언어가 폭력적 언어인가 비폭력적 언어인가에 따라서 그 사람의 말에 미치는 영향은 너무나 큰 차이가 있기 마련이다. 어떤 유명 인사가 말하는 도중에 생생한 언어를 사용한답시고 비어나 속어를 태연스럽게 말할 때, 그의 말이 아무리 중요한 이야기이든지 간에 그 중요성의 가치는 그 순간 무가치하게 사라져 버리게 된다. 따라서 그의 인격이나 지위 명예를 재평가하게 되는 것이다.

앞에서 말했듯이 똑같은 말이라도 그 말이 앉을 자리에 말을 앉혀야 한다. 단어를 어디에 앉히느냐에 따라 이야기의 맥락뿐 아니라 뜻이 바뀐다. 말을 할 때는 주(主)와 종(從)을 구분해야 한다. 해야 할 주종은 빠뜨리고 부수적인 것들을 이것저것 매달아 이야기하면 핵심이 없어 대화는 100% 실패하고 만다. 예를 들어 “가야 하는데 어디로 가야 하는지 몰라요.”라는 말에는 주어가 생략되어 있다. 이게 일반적인 사람들이 사용하는 대화다. 그래서 누가 어떻게 됐다고? 다시 묻게 된다. 이런 점에 특히 주의해야 한다.

따라서 대화는 소통의 주어진 영역에서 다른 맥락을 향한 다양한 응답의 반응으로 채워진다. 이 반응은 다양한 소통의 고리를 연결해 나가는 형식을 취한다. 우리가 말하는 내용이 그대로 상대의 의식 속으로 스며들 수도 있고, 이야기 전체를 대표하는 개별 단어는 자신의 상대적 표현성을 간직할 수도 있다. 이는 말하는 사람의 대화 맥락이 암시적으로 전제될 수도 있다는 것을 의미한다. 예를 들어 야근에 시달리는 상사가 후배 직원에게 “주말 멋지게 잘 보냈겠어?”라고 던진 이 말은, 화자의 억양에 따라 폭력적 경향을 내포하고 있을 수 있어 청자를 상당히 불쾌하게 만들 수 있는 여지를 남긴다.

대화는 대상적·의미적 내용뿐만 아니라 듣는 이로 하여금 결정된다. 특히 상대자에 따라서 강조와 반복, 날카롭거나 부드러운 표현의 선택, 양보적이거나 도발적인 어조 등이 대화의 분위기를 끌어간다. 대화의 표현성은 대상적·의미적 내용 하나만이 고려될 때는 결코 완전히 이해되거나 설명될 수 없다. 이는 말이 처음부터 인간의 이해를 소통시키는 매체로서 역할을 다 할 수 있는 것이 아니기에 그렇다. 하지만 대화는 어느 정도 주어진 대상, 이야기의 주제 혹은 주어진 문제에 관하여 이미 말해진 것에 대한 대답이 되지 않을 수 없다. 앞에서 말했듯이 말이라는 것은 현재가 아니라 순간적으로 지나간 것에 대한 사슬의 고리이기 때문이다.

이처럼 대화는 소통의 선행고리들뿐만 아니라, 후속의 고리들과 연결되어 있다. 물론 대화의 본질적인 특징은 화자에 의해 창조되는 순간, 말은 누구의 것도 아니게 된다. 단지 말이 누구를 향하는지, 청자는 어떻게 듣고 느끼고 이해하는지, 그 영향력은 어떠한지, 바로 이런 것들에 의해 이야기가 구성되고 전달이 된다.

화자는 눈앞의 현실을 절박하게 이야기하는데 상대의 응답은 미래에 있다면 이것은 언어에 대한 폭력성을 지니고 있다고 볼 수 있다. 하지만 이 경우 청자가 화자의 말을 받아들이는 지각적 배경을 고려하지 않을 수 없다. 청자는 화자가 말하는 상황인식을 얼마나 알고 있는지, 화자의 절박함을 어떻게 이해하고 있는지, 주어진 대화의 소통 고리와 관련된 맥을 짚어내지 못할 가능성도 배제하지 않을 수 없다. 반면 화자는 처음부터 자신이 지향하는 대화의 내용이 능동적으로 작용한다고 생각할 수 있다. 모든 화자는 마치 모든 대답을 향하고 있는 것처럼 생각할 수도 있다는 말이다. 화자의 입을 떠난 말은 대답을 다 유발하지 않는다. 비폭력 대화는 동의하고, 반박하고, 때로는 반응하지 않고, 다소 분화된 타자일 수 있다는 사실을 전제로 한다.

스피커 이창호 박사는 대화의 "내용의 중요성보다는 듣는 사람의 마음에 동정심을 호소하여 효과를 보려는 애원조의 과장된 표현 방법은 아주 좋지 않은 대화의 형태"라고 강조한다. 그리고 대화의 주제를 거창하게 잡으면 대화 시간 안에 다 말하기가 어렵고 전달 또한 복잡해지기 쉽다면서 주제는 간단하고 정확한 것으로 정하는 것이 좋다고 한다. 왜냐하면 아무리 긴 시간 열변을 토한다 해도 듣는 사람은 자신이 들을 수 있는 부분만 이해하고 듣기 때문인 것이다.

이러한 대화의 특성은 어쨌든 제한되어 있으므로, 그 시간을 의미 있게 보내기 위해서는 나름대로 언어를 효율적으로 사용함으로써 관계개선의 선택까지도 결정한다고 할 수 있다. 대화는 자연스럽게 말을 하는 데 초점을 두어야 한다. 누구나 알아듣기 쉬운 말, 그리고 구체적이고 재미있는 사례를 들어가며 유머 있게 말해야 목적의 효과를 거둘 수 있다.

의식의 불

대화에는 의식의 통제가 필요하다. 말이 제멋대로 돌아다니게 해서는 안 된다. 보통 훈련되지 않은 의식은 들판을 뛰어다니는 고삐

풀린 성난 황소와 같다. 이럴 경우 막막한 바다 어디에다 그물을 쳐야 할지 모르는 왕초보 어부와 전혀 다를 바가 없다. 우리는 폭력적인 의식을 놓아 버리고 비폭력적인 의식의 불을 지필 수 있어야 한다. 행여 대화에 방해가 끼어들 때, 우리는 의식을 가다듬고 부드러운 언어로 대체시켜야 한다.

우리의 의식은 내부에 기인한 것이다. 흔히 '내 의식'이라고 말을 하지만 이것이 어떻게 작용하는지는 잘 모른다. 이것을 알 때야 언제나 비폭력 대화를 함으로써 더 많이 행복해진다. 마셜 B. 로제버그는 NVC를 익히면, 습관적이고 자동으로 반응하는 대신 자신이 무엇을 관찰하고 느끼고 원하는가를 의식하게 된다고 한다. 또 주어진 상황에서 자신이 구체적으로 무엇을 원하는지 명확하게 표현할 수 있게 된다는 것이다.

평소 진실한 마음을 전달하면 청자는 그 화자에게 높은 신뢰감을 느끼게 된다. 청자가 화자에게 부여하는 신뢰감의 정도는 비폭력의 성패에 커다란 영향을 미친다. 청자는 평소 신뢰하는 화자가 하는 말에 사실정보나 혹은 증거확보가 부족해도 그 화자를 믿게 된다. 반면 평소 신뢰하지 않는 화자가 아무리 화려하게 포장한 말로 완벽한 증거를 들이대도 믿지 않는 경향이 있다. 따라서 장기적 만남의 장을 가지려면 진실한 대화를 나누는 것이 가장 효과적인 비폭력 대화의 방법이다.

우리가 대화 도중에 제시한 말은 그 말의 끝이 아니라 또 다른 시작이다. 그 이후로 전개되는 말은 대화에 지속적인 영향은 물론 살아가면서 그 가치가 평가된다. 성경에서는 "당신은 정녕 나의 바위…… 그 이름으로 나를 이끌고 데려가소서."라고 한다. 이 말은 우리 개개인에 대한 언어의 무게 중심이 어디에 있는가를 가늠하게 한다. 말과 말의 힘 사이에 어떤 관계가 있는지 말의 가치를 따져 보자는 말은 아니다. 우리 개개인이 사용하는 언어의 무게는 알게 모르게 이루어지고, 그 무게감에 따라 인간의 가치 또한 그만한 비중을 차지하는 것이라고 논하게 될 수밖에 없다. 이것은 우리가 마트에 가서 참외 하나를 고르더라도 신선도와 향기와 색깔, 그리고 무게감을 가늠하게 되는 것과 같은 맥락이다.

우리는 직접 실체를 확인해야 진짜 실감하는 경향이 있다. 그냥 확인하는 데서 끝나 버리면 무엇이 더 좋은 제품인지를 가늠하기 쉽지 않다. 이렇듯이 우리의 의식이 어떻게 타오르는지를 제대로 살펴야 한다. 조금이라도 마음에 걸리는 부분이 있다면 그 걸리는 부분에 생각을 일으켜 그 부분을 끝까지 살펴보는 끈기가 필요하다. 우리의 의식은 과거의 회상, 혹은 미래의 불안, 현재의 욕망에 사로잡혀 가장 중요한 지금-여기 이 순간을 놓치고 있는 것이다. 진정한 의식의 불은 묵묵히 안으로 들어가 각자의 마음을 환히 밝히는 것이다.

우리의 의식은 어둡다가 환해졌다가 하는 일의 반복이다. 우리가 결정하고 통제할 수 있는 것은 얼마 되지 않는다. 오직 인내심을 기르며 견디는 것만이 방법이다. 좀 더 강건한 자신으로 살기 위하여

담금질하는 것이다. 깎을수록 빛이 나는 다이아몬드처럼 말이다. 우리는 자기다움으로 살기 위하여 자신의 신념을 땅에 묻을 게 아니라 큰 바위처럼 확고부동(確固不動)한 신념이 있어야 한다. 언젠가 나의 시대가 확실히 올 것이라는 기대를 하는 것은 바쁘지는 않지만, 기왕 살 것이라면 지금-여기 이 순간에 대한 확신을 가지고 꾸준히 준비하고 노력을 해야 한다.

실력이 있는 자들은 자신의 기회를 포착하여 희망찬 삶을 살아간다. 반면 준비도 없고 실력을 쌓아 두지 않은 사람은 자신에게 기회가 와도 그 기회를 절대로 붙잡지 못한다. 진정 자기다운 자기가 되기 위해서는 많은 독서와 정보 수집을 하여야 한다. 평소 이러한 노력이 쌓이면 자연히 식견이 높아질 뿐만 아니라 예리한 통찰력이 생기기 마련이다. 그래야 자기의 의식에 불을 사를 수 있다. 그래서 삶에 걸림돌이 되는 사람들의 반응이나 억압이나 유혹이 있어도 흔들림 없이 자기다운 자기가 되어 당당하고 떳떳하게 살 수 있다.

아무리 정보 수집을 했다 할지라도 의식이 빈약하면 실천에 어려움을 겪을 수밖에 없다. 누구나 알맹이 없는 내용을 듣고 싶어 하지 않는다. 그러므로 자기의 의식의 불을 태우기 위해서는 무엇보다도 실천 가능성이 있는 일을 개진하는 것이 중요하며, 반드시 실천해야 할 계획을 개발하는 것이 좋다. 이 둘을 적절히 조합하여 미리부터 준비하는 게 삶의 행복에 큰 도움이 된다. 지금-여기 이 순간에 특별한 의미를 부여하며 가치 있는 시간을 최대한 찾아야 한다.

독립적 존재

인간은 사회적으로 독립적인 존재이다. 세상이 주는 것을 제 몫으로 가질 수 있다. 손을 움직여 일하지만 이 손 하나만 움직이는 것이 아니지 않는가. 우리의 손놀림은 다양하다. 그러므로 각자 그 표현방법도 다를 수밖에 없다. 이렇듯 비폭력 대화도 마찬가지다. 대화할 때 그 효과를 높이기 위해서는 먼저 말하는 목적이 뚜렷해야 한다. 물론 듣는 대상의 특징 등을 파악하고, 그것들을 살려야 대화가 쉽게 이루어진다. 모든 대화는 대상으로부터 이해를 얻는 것을 목적으로 한다.

우리는 독립적인 존재인 만큼 비교의 대상이거나 혹은 평가절하의 대상이 아니다. 따라서 이야기의 내용적인 면은 물론, 방법적인 면에서도 효과적으로 준비하는 것이 중요하다. 그래야만 상대로부터 인정받을 수 있고 가치도 높일 수 있으므로 비폭력 대화에 익숙해지는 시간이 필요하다. 마셜 B. 로젠버그는 비폭력대화 NVC Nonviolent Communication 의 기본 원리와 대화 방법에 충실할 때 우리는 자연스럽게 연민을 가지고 이야기할 수 있다고 한다. 그러면서 그는 NVC 모델에 우리 의식의 초점을 두고 있다.

첫째로, 어떤 상황에서 실제로 일어나고 있는 것을 있는 그대로 관찰

한다. 나한테 유리하든 그렇지 않든 상대방의 말과 행동을 있는 그대로 관찰하는 것이다. 그 방법은 상대방의 행동을 내가 좋아하느냐 싫어하느냐를 떠나, 판단이나 평가를 내리지 않으면서 관찰하는 바를 명확하고 구체적으로 말하는 것이다.

둘째로, 그 행동을 보았을 때 어떻게 느끼는가를 말한다. 가슴이 아팠다든지, 두려웠거나 기쁘고, 즐겁고 또는 짜증 나는 등의 느낌을 표현하는 것이다.

그리고 셋째로, 자신이 알아차린 느낌이 내면의 어떤 욕구와 연결되는지를 말한다. NVC로 우리의 마음을 정확하고 솔직히 표현할 때는 이 세 요소에 대한 의식이 그 안에 있다.

NVC 훈련 시, 인간은 독립적 존재라는 사실을 명심해야 한다. 위의 방식이 "옳다, 맞다"고 무릎을 탁 칠 수 있을 테지만 말처럼 쉬운 일이 아니다. 어찌됐든 우리가 해야 할 일은 매사를 있는 '그대로 보는 것'이 선행되어야 한다. 어떤 판단이나 평가는 상대를 그대로 볼 수 없도록 눈을 가리는 행위와 별반 다르지 않다. 정도의 차이는 있겠지만 인간은 누구나 보는 대로 판단하고 평가하려는 경향이 있다. 그런데 우리 인간은 본질적으로는 서로 영향을 미치는 하나의 통일체라는 점이다.

온 우주는 하나인 원(圓)이라 하지 않는가. 이 하나가 바로 너와 나다. 바로 서로의 '거울 속 나'인 것이다. 마치 우주에는 과학의 손길이 도무지 범접할 수 없는 영역이 포함된 것처럼 말이다. 바로 “우리는 빛을 결코 따라잡을 수 없는데, 왜냐하면 빛은 우리가 어떤 속도로 달리든 언제나 똑같은 속도로 우리로부터 멀어져 가기 때문”이라고 미치오 카쿠는 말한다. “지구에서의 1초는 달이나 목성에서의 1초와 다르며, 실제로 빠르게 움직일수록 시간은 천천히 흐른다”는 것이다.

우리는 우주의 법칙들을 오직 어렴풋이 이해할 따름이다. 아인슈타인은 “인간이 얻을 수 있는 가장 아름답고 심오한 경험은 신비감이다……. 모두 진지한 노력의 배경에 자리 잡은 원리이다”라고 한다. 이처럼 우주의 구조에 무한한 경이가 있듯이 인간 역시 우주와 같은 처지에 있다. 철학자 스피노자는 “영혼과 육신이 분리되지 않은 일체”라고 말했다. 이 말에는, 모든 존재하는 것과 존재하지 않는 것을 그대로 두어야 한다는 의미를 포함하고 있다. 인간이 눈의 활동을 지각하는 것, 그것에 의해 인간이 눈으로 말해지는 것이 인간의 독립된 존재로서의 특권이다.

독립된 인간보다 훨씬 더 진귀한 보석이 있을까? 우리는 누구나 저마다 마음속에 진귀한 보석을 간직한 채 살아가고 있다. 그 보석의 아름다움을 미처 보지 못하고, 그 보석이 작용하는 힘을 미처 느끼지 못하고 마음 밖에서 물질적인 보석만 찾으려는 경향이 있다. 이는 불행을 자초하는 행위이다. 물론 물질적으로 자신의 가치를 표현하고자 하는 것은 저마다 표현의 자유가 있기 때문에 어찌할 수 없을 것이다. 하지만 영원히 값비싼 ‘마음의 보석’을 간과한 채 눈앞의 물질에 현혹될 경우 불행은 걷잡을 수 없는 길로 빠지고 만다.

우리는 반응하지 않고 관찰하는 법을 우선시해야 한다. 태풍에 뿌리까지 뽑혀 쓰러진 나무의 참담함을 자신의 감각과 동일시하지 말고, 그것을 그냥 있는 그대로 보자. 우리가 경험하는 통증을 객관적으로 냉정한 눈으로 마치 다른 사람의 통증을 보는 것처럼 보자. 과학자가 흰 쥐를 실험 용도로 사용하듯 자신을 면밀하게 관찰하자. 실패하면 다시 시작하는 등 계속 시도하면 점차 고통이 무슨 짓을 하는지 알아차리게 된다. 고통을 벗어나려 힘든 육체운동을 한다든가, 친구랑 술잔을 주거나 받거나 한다든가, 새벽녘 잠이 깨면 스마트폰 게임에 열중한다든가 하는 행위는 진정한 자기에 닿는 길이 아니다.

위빠싸나upasana는 죽음의 기술도 가르친다. 그는 "평화롭고 조화롭게 죽는 법, 삶의 기술을 배움으로써 죽음의 기술을 배우는 것"이라고 말했다. 마치 산모가 순산하기 위해 물속에서 아기를 낳는 기술을 익히는 것도 마찬가지이다. 이는 고통을 줄이는 법이다. 마음은 모든 형상에 앞선다. 필자는 길가에 작은 나뭇가지 하나만 있어도 뱀인가 싶어 소스라치며 달아난 적이 한두 번이 아니었다. 이것은 마음의 작용이고 모든 것은 마음이 만든다는 위빠싸나의 말에 동감한다.

우주 전체는 하나이되 각각의 독립체다. 이렇듯이 우리도 자기-자신의 마음 안에서 독립된 자신을 경험할 뿐 아니라 그렇게 자주

적으로 살아야 진정한 자기, 풍요로운 자기의 삶을 살 수 있다. 동시에 죽음의 기술을 익히면 평화롭고 조화로운 자기를 살 수 있는 것이다. 우리는 독립된 존재로서 맑은 시냇물에 노니는 물고기다. 자유인의 삶은 끊임없이 거듭날 것이다.

습관의 노예

인간은 자연스럽게 습득한 에너지에 의해 이끌려야 한다. 지금까지 우리는 이러한 에너지에 고착되어 왔고, 타인들까지 거기에 고착시켜 왔다. 특히 우리는 타고난 행동 양식과 재능이 있고, 또한 타고난 관점과 열정이 있다. 그런데 이것들은 가정은 물론 사회나 직장 문화 안에서 파괴되는 경향이 있다. 그것은 주변 사람들과 우리의 자아 사이에 경계선을 긋는 일로 이미 습관화되었다. 한마디로 우리는 습관의 노예이다. 이 자아의 경계선이 높을수록, 어떻게 해서든 그것을 유지하려 할수록, 동전의 다른 한 면을 더욱 명확하게 보게 된다.

우리는 모두 자기 이미지에 얽매여 산다. 특히 인생 초반 30년 동안 이러한 것들을 발전시켰다. 예수께서는 베드로에게 질책하려는 의도 없이 "네가 젊었을 때에는 스스로 허리띠를 매고 원하는 곳으로 다녔다."(요한 21, 18)라고 한다. 이는 곧 젊은 시절에는 자아를 확립

해야 하며 강해져야 한다는 의미를 내포하고 있다. 우리는 어느 순간 삶이 시들해질 뿐 아니라 지루해지는 경우가 있다. 어떤 사람이 자기 이미지를 가꾸느라 40평생을 살아왔다면 변화하기란 무척 어려울 것이다.

신학자 리처드 로어Richard Rohr와 안드레아스 에베르트Andreas Ebert는 《내 안에 접힌 날개》에서 우리는 나이가 들수록 자신의 이미지는 고착된다고 말한다. 문제는 이것이다. 모든 것이 자신의 의식 수준에서 바라볼 경우 이치에 맞지 않는다는 점은 점점 더 확실해진다는 것이다. 그래서 인생 중간의 이 시기에 예전에 성취했던 것을 비판적으로 성찰하고, 변화하며, 더욱 성숙하고 지혜로워지며, 인격적으로 더욱 통합되는 좋은 기회-그만큼 어렵지만-를 얻게 된다고 한다.

특히 우리는 의사소통을 통해서 서로 정보교환을 하게 된다. 사람을 만나 대화할 때 듣기는 바로 상대의 정보를 축적할 수 있는 자원 창고와 같은 역할을 한다. 그것을 적절한 기술로 활용한다면 상대는 경쟁적인 관계가 아닌 함께하는 관계로 발전해 나갈 수 있다. 이 경우 우리는 가공의 시간인 25시간을 만들어 낼 수 있다. 사람은 누구나 자기가 필요한 시간을 필요한 만큼 충분히 사용할 수 있는 여유를 지닐 수 있는 것이다.

우리는 말을 할 때 자신의 다양성을 이해해야 한다. 물론 주변 사람들의 문화적·관습적·개인적 관점 등 다양한 문화에 공감하면서 예의를 갖춰서 대응해야 한다. 상대방의 문화에 공감한다는 것을 표현하기 위해 상대방의 관심을 살펴볼 필요가 있다. 이렇듯이 우리는 우리 자신의 내면을 자세히 검토해 보아야 한다. 우리는 이러한 행위를 통해서 우리는 상대를 좀 더 알 수 있으며, 상대방이 내심 바라는 것이 무엇인지도 파악할 수 있다.

애인이 있는 사람은 둘이 함께하는 것이 도움이 될 것이다. 하나같이 "습관의 노예는 가라! 나에겐 너 따윈 필요 없다!"며 그 노예를 쫓아내는 것이 필요하다. 그러면 사뭇 다른 특별한 마력을 발휘할 수 있을 것이며, 서로 사랑받을 능력이 샘물처럼 솟아나리라 본다. 삶에 얽혀 있는 일화들을 끊임없이 들려 줌으로써 서로 깊은 공감대를 형성한다. 그러면 마음은 새털처럼 가벼워진다는 것을 느낀다. 이것은 말재간도 솜씨도 요령도 아니다. 가슴 깊은 곳에서 우러나는 진솔한 말은 상대에게 신뢰감을 주기 때문이다.

이 사랑에 우리는 변화한다. 사랑의 그 진솔함이 우리를 풍성한 삶으로 눈을 뜨게 한다. 이때 우리의 삶이 얼마나 풍요롭고 다양해질 수 있는지를, 또한 실제를 보고 경험하게 함으로써 지금까지 살아온 시간이 갑자기 지루한 것이 아닌 신선함으로 바뀌는 것이다. 사랑은 무한 가능성을 전제한다. 우리의 관계는 가능성을 통해 창조된다. 따라서 그 가능성이란 조심스럽게 보호하고 고귀한 보석인 양 깊숙이 감춰 둘 그런 것이 아니다. 사실 우리가 주의해야 할 부분은 우리의 거짓 에너지가 얼마나 과장되고 부조리한 것인가를 느끼고 깨달아야 한다는 점이다.

습관의 노예를 좇듯 사랑도 삶도 늘 되풀이되는 일상에서 나온다. 리처드 로어와 안드레아스 에베르트는 몇 년 동안 사목활동을 하면서 인간이 스스로 생각하고 있는 자기 이미지만큼 사람들 안에 고착된 것이 없음을 확신하게 되었다고 한다. 우리가 풍요로운 삶을 살기 위해서는 일종의 '내적 관찰자'가 있어야 한다. 처음에는 내부 관찰자를 두는 것이 불편할 수도 있겠지만 얼마 후에는 아주 자연스럽게 될 것이다. 우리는 구원받지 못할 세계관을 키우지 않는다. 지금의 자신, 모든 것을 깊게 만나자. 그들은 구원받지 못한 세계관을 키울 수 있다고 입을 모은다.

접힌 날개 펴기

새의 접은 날개는 펼치기 위한 접힘일 뿐이다. 날개는 새가 날 수 있음을 가능케 해 주는 순수에너지이고, 새의 경험 토대가 되는 순수존재이다. 인간의 삶에서도 날개는 개인의 창조물이기도 하다. 인간의 내적 본성은, 성장에 대한 충동은, 자기실현에 대한 성취의 욕은 자신의 정체성에 대한 탐구이다. 이것은 내적 본성의 주된 특징으로서 역동적 에너지를 지니고 있다. 긍정 자존감의 요법은 자기 증진을 가능케 하는 것이 바로 이런 에너지이다.

새가 어디를 나느냐보다 어떻게 나느냐의 문제가 더 중요하다. 이는 인간이 내적 핵심, 혹은 자기가 성장해 나갈 때 지금-여기 이 순간, '이곳에' 존재하는 자신을 발견하는 일이다. 이 말은 곧 진실한 자신을 드러내고, 세계를 수용함으로써 그 개인의 창조의 주된 요인이 스스로 된다는 점이다. 예들 들어, "나는 산을 본다."라고 할 때, 산을 보는 자는 개별적 영혼이라고 한다. 산을 보는 개별적 영혼을 또 지켜보는 관조자를 '아뜨만'이라 한다. 이는 인간 존재의 영원한 핵을 이르는 철학 용어로서 인도 철학에서 가장 기본이 되는 개념이다.

새의 내부에 존재하는 힘은 새의 힘에 대한 결정권을 가지고 있다. 하늘을 나는 새가 진짜 제 힘껏 비상할 경우, 그 새는 자기 자신을 결정하는 '주된 요인'이 된다. 이처럼 사람의 능력에도 제각기 가능성이 열려 있다. 일단 자신이 좋아하는 것, 소질이 있는 것, 자신 있는 것, 적성이 있는 것에 몰두해야 한다. 새가 한 번 날기 위해서 두 발에 온 힘을 실어 솟구쳐 오르는 것은 당연한 일이다. 따라서 우리 자신이 어떤 분야에서 최고의 승부를 겨를 수 있는지를 찾는 일을 우선시해야 한다.

인간은 모든 긍정 정서를 바쳐 자신을 기쁘게 창조해야 한다. 1923년 아인슈타인이 일본에 초청되었을 때, 여행을 나서면서 "인생은 자전거 타기와 같다. 균형을 유지하려면 계속 나아가야 한다."라고 했다. 이듬해 노벨 물리학상 수상 연설을 하면서 청중들에게 충격을 주었는데 그는 상대성이론에 관해서만 이야기를 했다. 사실 노벨 물리학상 수상 이유는 최고의 업적인 상대성이론이 아니라 광전효과에 대한 연구였다. 아인슈타인은 전통방식을 벗어남으로써 청중들이 기대하고 있던 광전효과에 대해서는 한마디도 하지 않은 혁명의 화신이었다.

누구나 혁명의 화신의 될 수 있다. 자신의 마음에 들지 않는 자아가 있다 해도 그 자아를 소중히 여길 줄 알아야 한다. 우리 정서는 다른 사람의 기쁨에 동참하기는 어려운 일이지만 다른 사람의 슬픔을 나누기는 쉬운 편이다. 우리 역사적 문화 중에는 품앗이와 두레가 있는데 공동 노동 중 품앗이가 가장 오래되었다. 두레보다는 규모가 작고 단순한 작업에서 자주 이루어졌는데 한 가족의 부족한 노동력을 해결하기 위해 다른 가족들의 노동력을 빌려 쓰고 나중에 갚아 주는 형태이다.

손길이 닿는 곳에는 온정이 피어난다. 우리 조상들은 따뜻한 마음과 마음을 모아 어려운 세월을 거뜬히 이겨 왔다. 이러한 슬기로움은 품앗이에서 잘 나타난다. 주로 가래질하기, 모내기, 물 대기, 김매기, 추수, 풀베기, 지붕의 이엉 엮기, 퇴비 만들기, 길쌈하기 등에 집중적으로 활용되었다. 관혼상제 등 집안의 큰 행사가 있을 때도 품앗이가 이루어졌다. 그러나 최근에는 SNS로 품앗이나 두레같이 일을 분담하고 있다. 이렇듯 문화의 흐름이 바뀌듯이 자신의 내면을 언제나 바르게 하려고 애쓰지 않는다면 사람들과의 진정한 관계는 물론

21세기 4차 산업혁명의 시대를 살아갈 수 없다.

4차 산업혁명의 시대를 살아가려면 고착된 자기-자신에게서 벗어나야 한다. 고착된 자기는 스스로에 대한 폭력이다. 그 폭력을 행사할 에너지를 돌려 보자. 이제 세상이 얼마나 변화하는지를 깨닫고, 자신의 최상의 원천을 끄집어내야 한다. 우리는 세상 편견에 휩쓸리지 않고 선입견과 느낌으로 정체성을 구현하지 않으며 진정한 인간 공동체를 형성할 수 있는 지점에 도달해야 한다. 무엇이 우리를 움직이는가를 관찰하고 그런 다음 세상에서 한 걸음 뒤로 물러날 수 있다. 이것이 바로 자기 자신으로부터 자유로운 사람이 되는 비결이다.

날개를 가진 사람은 비상을 꿈꿀 수 있다. 모든 것이 허위의 빛 속에 있는 것이 아니라 실존을 드러내는 비상의 꿈이다. 가스통 바슐라르의 말처럼 '밤의 꿈에서는 환상적인 조명이 지배'한다지만 우리가 꿈꾸는 비상은 날개의 회전력까지 세밀히 묘사할 수 있다. 우리는 꿈을 통해 자신의 존엄성과 힘을 체험할 수 있는 것이다. 그것은 우리의 실수 혹은 거짓 동기를 올바르게 파악하고 분별할 수 있도록 하기도 한다. 우리는 바르지 못한 모든 생각과 행동들을 '샅샅이 낱낱이 파헤치고' 새로운 차원에 이를 수 있다는 점이다. 여기에서 우리는 정화된 열정, 최상의 자아, 진실한 자아를 발견하게 된다. 실제로 변화하는, 자아의 가치는 발견되는 것이 아니라 우리 스스로 창조하는 것이다.

대화는 소통 사슬의 한 고리이다. 대화자는 자기 자신에 대해서만 만족하는 것이 아니라, 서로를 알고 서로를 반영한다. 이 상호반영이 관계를 형성하게 된다. 대화는 무엇보다 주어진 영역에서 거부하기도 하고, 확증하기도 하고, 보충하기도 한다. 따라서 다른 이야기들과 관계하지 않으면서 자신의 견해를 결정한다는 것은 불가능하다는 것이 대화의 특성이다.

chapter 8

생명의 불꽃

'아하' 체험

우리를 행복하게 해 주는 것은 생명이라는 불꽃이다. 만일 사는 일이 짐스럽다면 생명 없는 마음이 시키는 일이라 생각하고 단련을 해야 한다. 오로지 소망을 바라고 구원을 청하지 않고 최선을 다한다면 짐의 무게는 새의 깃털처럼 가벼워질 것이다. 그리고 주의를 기울여 우주의 이치를 깨닫는 순간, 일상은 우리가 의도한 바대로 보이게 된다. 어떤 대상이 고유의 성질이 없다면 그것은 이미 존재할 의미, 아니 이미 존재하지 않는다는 말과 같다.

우리는 자신의 내재적 가치들이나 유전적 소질 혹은 초기의 능력을 살펴봐야 한다. 이 일을 지속해서 하게 되면 지금 있는 그대로의 모습이 변화하는 데 확실히 기여할 수 있다. 시간과 공간, 그리고 일체의 모든 변화는 마음의 작용에 의해, 자신의 노력 여하에 의해 나타난다. 물론 종교에 대한 신념이 있는 사람들은 신의 힘이라고도 할 수 있다. 신의 힘이 미치지 않는 곳이 어디 있기나 할까. 우리는 일찍이 한 번도 꿈에서 깨어난 본 적이 없이 오랜 숙명의 상태로는 지낼 수 없다. 하지만 사람들은 영원한 꿈결 같은 삶을 살고 싶은 욕망을 가지고 있다.

우리 생애에 있어 욕망은 중대한 전환을 가져온다. 살다가 일종의 장막이 앞을 가렸을 때 우리가 어떻게 살아왔는지 명확히 진단해 볼 수 있다. 그러니까 우리가 어떤 일을 해왔지만, 삶에 얼마나 큰 역할을 했을까? 당혹스러운 일이 아닐 수 없다. 필자는 40대 초반에 신체의 일부분을 떼어내야 했고, 몇 년 뒤 쓸개 절개 수술을 받았다. 의사가 몸의 일부분을 제거해야 한다고 했을 때 필자는 감사의 눈물을 흘렸다. "아하!" 숨 쉴 여유마저 없을 정도로 바쁘게 살았구나! "아하, 그래!" 내 몸의 말을 거부했던 탓이구나! 그래, 아픈 몸이 '쉬어, 좀 쉬라고!' 말하기까지 아픈 내 몸을 미처 돌보지 못했던 자신을 본 것이다. 필자의 경우 고통은, 정신을 차리고 본연의 내 모습을 발견하는 동시에 새로운 세계에 발을 내딛는 문턱이었던 셈이다. 결국 고통은 새로운 학문의 길을 선택하게 된 전환점이 된 것이다.

우리의 삶의 패턴은 우리 자신이 얽혀 있는 미로 게임을 하는 것이라 할 수 있다. 때로는 이 패턴이 얼마나 자신을 비참하게 하는 것인지 진정 이해하지 못할 때가 있다. 어떤 한 사람이 시골에서 고등

학교를 나와 서울 일류대에 다녔다. 그는 수월히 대기업에 당당히 합격해서 직장 생활에 충실히 하고 있었다. 그런데 입사 몇 년 차 업무에 시달린 그는 큰 중병에 걸리고 말았다. 생사의 갈림길에서 그는 막막함 뿐이었다고 했다. 그런 어느 날 수녀 둘이 그를 위해 기도하러 와 주었고 그는 수녀의 기도를 통해 기도하는 방법을 배우고 기도가 무엇이고 어떤 힘을 가지는가를 알게 되었다. 한 가지도 아닌 두 가지, 치유하기 어려운 말기 암 환자, 그는 하느님께 약속했다. 살려만 주신다면 '그 길'을 가겠다고 했다.

뜻이 있으면 길이 있다고 하지 않는가. 그는 장남으로서 장손이다. 부모의 만류에도, 아니 분통을 터뜨렸음에도 그는 '그 길'을 과감히 선택했다. 그는 여러 사람들의 고통을 덜어 주고 아픔을 어루만지는 따뜻한 손을 가진 사제가 된 것이다. 이와 같이 우리는 역경을 기회로 삼는다. 육체적이든 영적이든 고난의 시간은 우릴 깨달음으로 이끌며, 더는 필요하지 않은 것들을 가지치기를 했다. 그는 많은 사람에게 거짓 자아에서 벗어나 자유롭게 살아갈 수 있도록 길라잡이 임무를 수행하고 있다. 우리가 살면서 거짓 자아를 직면하는 일은 삶의 방향을 잡는 유일한 방법이기도 하다.

그 무엇보다도 우리는 긍정 자존감을 통해 우리가 더욱 사랑하기를 바란다. 그렇게 된다면 잃었던 본성을 찾아가는 본래의 목표에 도달하게 될 것이다. 때로는 우리가 "살기 힘이 든다."고 말을 한다. 이때 "나는 할 수 있다"라는 미래형을 사용하기보다는 "나는 하고 있다"라는 현재형을 사용하는 것이 도움이 된다. 현재형은 지금-여기 이 순간을 생각하는 것인 만큼 추진력을 갖는 데 도움이 된다. 왜냐하면 긍정 자존감을 통해 언어가 지니는 힘이 어떤 것인지를 알 수 있기 때문이다.

긍정 자존감이 지니는 힘은 마음을 아름답게 가꾸고 싶다는 욕망의 숨결을 느끼기는 일이다. 우리는 매일의 삶 속에서 무엇에 중점을 두고 사는지 끊임없이 살펴야 한다. 때때로 우리가 겪는 인생의 역경, 어떤 상황에 대한 수용 거부, 분노, 저항, 고집은 정신분석학자들에 따르면 범주화되는 것에 대한 거부에서 비롯되는 것이 분명하다고 한다. 따라서 이러한 저항은 개인적 독특성, 또는 자아에 대한 공격성이나 무시에 대항하여 이러한 것들을 주장하고 보호하기 위한 것으로 볼 수 있다고 한다. 우리 개개인의 반응은 개인의 존엄성을 보존하는, 즉 생명의 불꽃 기능을 수행한다.

따라서 우리는 '무엇'을 우선으로 하고 있는가에 따라 '그것'에 대해 무엇인가를 알 수 있다. 우리가 사회 속에 파묻히든가, 아니면 참된 성장에 주의를 기울일 필요가 있는 것이다. 또한 사회 풍조에 비판 없이 휩쓸려서는 안 된다. 무비판은 자아의 미혹에 의해 일어나는 상태이다. 이러한 상태 속에서 우리는 자아가 억압되고 파괴되고 짓눌리는 것을 원하지 않는다. 여기서 원하지 않는다는 것은 유익한 무엇인가가 되어야 할 "아하!" 자존감의 반응이라고 볼 수 있다. 결국 마음의 풍요로움은 건강한 생명을 지닌 "아하!" 불꽃으로 영원히 피어날 것이다.

마음의 속도

우리는 현대사회에서 갈수록 생활과 마음의 속도가 빨라지고 있다. 자칫 마음이 조급해지면 익숙한 길을 지나치기도 한다. 평소 눈을 감고 다닐 수 있는 길을 두고 엉뚱한 길을 갈 때가 있다. 특히 운전할 경우 더욱 그렇다. 이는 마음이 산란하거나 집중력의 부족으로 지금- 여기 이 순간에 충실하지 못하고 있다는 방증이기도 하다. 우스운 일은 마음은 평생 우리를 운전했다는 것, 우리는 마음이 이끄는 대로 어디든 갔다는 것, 그리고 내 마음이 가장 편안한 휴식처라는 것을 까마득히 잊고 산다는 것이다.

차가 시속 몇 킬로미터로 달리느냐에 따라 마음 또한 빨라지게 된다. 이 경우 속도 때문에 판단력이 흐려질 뿐 아니라 큰 위험에 처할 수 있다는 사실을 인지하지 못해서가 아니다. 생활에서 쉼은 필수적이다. 바쁜 일상 속에서 무언가에 쫓기게 되어 마음의 여유가 없어지고 만다. 여유를 가지는 마음은 어려움에 닥쳤을 때 쉽게 무너지지 않는다. 설령 바쁘다 할지라도 자신의 욕구를 충족시킬 줄 아는, 이제 막 새롭게 찾아낸 여유를 부릴 줄 아는 권리를 행사한다는 것이다.

과연 우리는 자신의 권리를 얼마만큼 행사하며 살까 의문을 가지지 않을 수 없다. 솔직히 우리는 다른 사람의 기분을 상하지 않게 하려고 순응하는 경우가 허다하다. 누구든 상대에게 더 좋은 선물이 되어 주고 싶은 것이다. 그렇다고 결코 상대방의 일방적인 소유물이 되어서는 안 된다. 어릴 적에 부모의 사랑을 많이 받은 '착한 아이'는 성인이 된 후에도 자기 자신을 억누른다는 것이다. 불행하게도 마음 속도가 정지된 것이다. 예를 들면, "사람들은 나를 좋아하지 않나 봐. 내가 눈에 보이지도 않는지 아무도 내게 관심을 가지지 않아. 나도 누군가를 만나 연애를 하고 싶은데 사람이 있어야 연애를 해도 하지."라며 직장인 그녀는 자신의 심정을 분명하게 밝힌다. 그녀는 자신의 정서를 활용하는 데 한계를 느낄 수 있을 것이다.

우리가 감정을 자유자재로 통제한다는 것은 매우 어려운 과제다. 특히 자기의 삶을 추정하는 사건들은 개인의 의식의 장에 기록됨으로 더욱 곤경에 처하게 되는 경우도 있다. 그것은 마치 세상 속에서 일어나는 모든 일을 항상 보이지 않게 기록하는 것과 같은 이치다. 우리는 에너지 패턴을 지속해서 방출하되 그 에너지 패턴은 항시 남아 있다. 우리의 말과 행위, 사고 능력과 생각하는 의도가 영구적 기록을 한다. 우리의 모든 생각은 감춰질 수 없고 감춰지는 것이 아니다. 우리가 무슨 생각을 하고 어떤 길을 갈까를 결정하든 순간순간 선택하고 움직이는 동안 에너지의 패턴은 우리 모두의 삶에 파문을 일으키며 어떻게든 영향을 미친다.

이처럼 그녀는 어릴 적 엄격한 아버지로부터 억압을 받아 자신을 표현하는 데 있어 상당히 서툴다. 우선 그는 말수가 적다. 어느 행사장에서든지 여러 사람이 사진을 찍으려 할 때 그녀는 자발적으로 사람들 틈새에서 사진을 찍은 경우가 없다. 그녀는 꿈꾼다. 멋진 남성이 작은 향수병을 들고 찾아오기를 막연히 기다리고 있다. 이런 경우 그녀는 자신의 욕구에 무슨 문제가 있다는 생각을 무시하는 경향이 있다. 만약 뭇 남성이 접근을 시도할 경우 상황은 더욱 나빠진다. 두려움이다. 고치 속의 번데기가 되고 마는 것이다.

사랑의 불꽃을 피우고 싶다는 그녀의 욕망은 한낱 물거품처럼 사라진다. 그녀가 마음의 방랑자처럼 자신의 정서적 노예 상태로부터 비롯된 고통에서 벗어나지 못하면, 우리는 다음과 같이 공감으로 반응할 수 있다.

"그래, 겁이 나는군요. 아버지는 지금도 여전히 억압하는 분이시군요. 그 분은 이미 세상에 존재하지 않으시고……. 아버지에게서 벗어나는 방법은 어떤 것이 있을까요?" 아버지가 늘 곁에서 지켜보고 있다는 그 생각 이젠 놓아 버려야 할 때가 아닌지요?
항상 아버지의 말에 따르는 자신을 들여다보면 어떤 생각이 떠오르나요? 아버지에게 묶여 벗어나지 못해 숨 막히고 벗어날 수 없어 고통스러운 느낌이 드는 것이군요……."

이러한 공감 반응 가운데 그녀는 특별한 정서를 지각하게 된다. 떠난 아버지를 아직도 미워하고 있다는 사실이다. 세상을 떠난 아버지를 20여 년 붙들고 있다. 그녀는 워크숍 과정에서 무려 1년간 침묵으로 일관했다. 그녀가 처음 말을 시작한 것은 "아버지가 너무나 엄격했어요. 말이 법이었어요. 말을 거역하면 매를 맞았어요. 언니들은 매를 안 맞으려고 아버지의 말을 잘 들었지만, 나는 매를 맞더라도 아버지한테 아닌 것은 아니라고 한마디 했다가 아버지한테 덤벼든다는 이유로 죽으라고 맞았다니까요."라며 그녀는 분노한다. 아니, 그 기억 흔적을 통해 과거에 머물고 있다는 사실을 모르는 가운데 그 같은 말을 수십 년 동안 반복하고 있다. 그녀는 자신의 욕구 인식 속에서 아버지를 만나고 탓한다. 이런 것을 데이비드 호킨스David Hawkins는 '나'의 느낌이 일어나는 자리라고 말한다. 아버지는 그녀의 에고를 대신하는 하나의 실재인 셈이다. 이 경우 그녀는 자신의 욕구에 연민을 가질 수 있도록 마음의 속도를 내야 한다. 자기 스스로 아버지로부터 벗어나기 위한 마음 속도의 단계는 어떻게 조절하는가를 살펴볼 수 있다.

첫째로, 의사소통할 수 없다.`대상이 없기 때문이다. 개인의 마음 작용 속에서 일어나는 억압은 일반적인 현상이다. 보통 억압기제가 변형되어 일어날 경우, 사람들은 남의 탓으로 돌리기도 하지만 정작 본인은 그 고통이 주는 느낌에 아무런 반응을 하지 못한다.

둘째로, 자신의 마음 속도가 멈춘 것에 대해서 책임지지 않으려는 경향이 있다. 자신의 인식구조 속에 억압기제로 인한 현재의 삶이 어떠한가 하는 문제를 풀어 나가는 방식으로 해결의 실마리를 찾아간다.

셋째, 이해할 수 있다. 아버지를 떠올리면 욕구불만이 솟구쳐 억압기제는 상호이해로 절충안을 찾기 시작한다. 본인이 아버지가 되고 빈 의자를 자신으로 대체시켜 말을 하게 한다.

넷째, 제안을 할 수 있다. 아버지에게서 벗어나겠다는 선언을 한다. 선언하는 것이 최선이 아니라 차선책이라고 할 수 있다. 진정한 성과는 본인이 억압에서 벗어나려는 시도이다. 이때 본인의 긍정적인 목소리를 들을 수 있을 때까지는 일반적으로 시간이 좀 필요하다는 것을 느끼게 된다. 곧 본인은 자유로운 사람이라는 희망의 날개를 펼쳐야 한다.

이런 반응은 자신이 원하는 것을 자유롭게 표현하고 실행하기 위한 단계이다. 따라서 자신의 의지가 필요하다. 의사결정 주체는 본인이므로 자신을 아버지와 분리하는 작업을 함으로써 비로소 성공적인 자유인이 될 수 있다. 중요한 것은 서두르지 않으며, 자신이 상황의 지배를 받고 있었다는 사실을 인정하는 것이다. 그리고 정말로 자신을 사랑하기 위해서, 좋은 삶을 발견하기 위해서, 먼저 억압한 당사자를 벗어나야 한다. 오직 자신만을 위한 시간을 갖는 것이 필요한데 멈췄던 마음의 속도를 다시 내서 앞으로 나아가야 한다.

마음이 위축되면 정작 자기가 무엇을 해야 하는지를 잘 모를 때가 있다. 마음이 위축되어 있으면 그 마음은 정작 해야 할 일, 혹은 다른 것을 못 하게 한다. 무엇보다 자긍심을 가지고 마음의 속도를 잘 조절하는 것이 중요하다. 왜냐하면 지나친 자기 확대는 바르지 못한 일들을 초래할 수 있기 때문이다. 고민한다고 해결되지 않는다. 해결의 실마리를 찾아 적극적으로 자신을 찾고 개발시켜야 성공적인 삶을 살 수 있다. 여기에서 성공적인 삶이란 계곡의 돌칼과 바닷가의 둥근 몽돌과도 같아서 그 형태뿐만 아니라 그가 지닌 역사성에서 가치란 상대적으로 그 값이 다르다.

크게 생각하라

우리가 크게 생각하려면 고정관념으로부터 자유로워야 한다. 자유로움에는 치유의 힘이 있다. 우리가 무엇을 할 것인가 하는 것도, 또 어떻게 해야 할 것인가도 모두 네러티브이다. 넉넉한 마음으로 생각을 크게 하면 자신의 마음도 편안해진다. 누구에게나 자신이 모르는 에너지가 있다. 그 에너지를 진정한 자기다움에 쓸 수 있는 기회를 만들어야 한다. 흘러가는 강물처럼 마음은 서두르지 않으며, 본래 창조된 인간 본성을 지닌 순수한 모습으로 돌아갈 능력이 있다.

사람은 원래 아름다운 존재이다. 자신을 탐구하는 일은 삶의 방향들을 탐구하는 것이다. 우리는 성장하면서 욕망이나 불만, 혹은 두려움이나 좌절감으로 상실을 체험하고 마음을 좁혀 가고 있다는 것을 알 수 있다. 빗나간 마음을 그냥 내버려 두면 치유하기가 힘들 뿐 아니라 새로운 세계를 모색할 가능성을 상실할 수 있다. 이렇듯 자신의 충만한 삶을 영위하기 위해 여러 자아가 모여서 만들어 낸 진정한 자신을 발견하는 일에 주목해야 한다.

누구든 우리의 생각을 막을 수 없다. 햇볕이 따뜻하고 하늘이 맑으면 둥둥 흘러가는 흰 뭉게구름처럼 날고 싶다는 정서에 주목할 때, '날고 싶다'를 추동하는 것은 희망과 평화를 불러일으키는 격정적인 정서이다. 이 정서는 분명 생각하는 힘에 의해 움직이는데, 이때 현실 상황이 어떻든 그 상황을 지속해서 경험하고 있다는 것을 알 수 있다. 우리는 우리가 지향해 온 가치관이 현실을 지배하는 상황을 직시한다. 심지어 그런 상황이 무의식조차 확고히 자리를 잡을 경우 그 황홀한 양상은 더욱 확장해 나간다.

따라서 우리는 자연적인 본능의 상태로 살기보다는 자기 생각에 의해 그 삶의 양상이 달라진다. 이것은 삶이 주변적이고 타자적이라는 것을 반증하는 예이다. 이러한 여건 속에서 인간 실존에 대한 고민은, 외부적 요인에 의한 반응이 출현하는 것이다. 우리는 시대의 가치로부터 배제되는 내면의 성숙에서 출발해야 한다. 이러한 행위를 통해, 긍정 자존감을 향상시키는 과정에서 나타나는 현상을 살피는 데 중요하게 연결된다.

크게 생각한다는 것은 역지사지(易地思之), 즉 상대의 입장이 되는 것이다. 사물을 재현하거나 사건을 나열하는 것이 아니다. 사물 속에 깃들어 있는 본성과 속성이 자신과 서로 교환함으로써 미적 만남이 이루어지는 일이다. 이러한 특징은 우리의 의식이 긍정 정서로 드러날 때의 양상을 통해서 그 이해를 구할 수 있다. 김소월의 시 〈진달래꽃〉에서처럼 '사뿐히 즈려 밟고 가시옵소서'라고 말하는 것은 시 속의 화자의 말하기 방식이다. 이 말은 고백의 형식으로 파악할 수 있다. 이러한 표현 양상은 화자의 중심이 주변부로 밀려난 의식의 상태에서 드러날 수 있는 표현이기도 하다.

또한 크게 생각한다는 것은 세계의 감각과 소통하는 것이다. 긍정 정서를 통해 사물이나 대상을 대할 때 주디스 버틀러Judith Butler는 《의미를 재현하는 육체》에서 "주체 및 육체를 그것의 형이상학적 껍데기로부터 벗어나게 하고, 또한 주체 및 육체로부터 초역사적인 위치 가치를 떼어내는 작업"이라고 말했다. 우리는 내면 정서의 분출을 언어로서 형상화하기도 하고 그림이나 음악으로도 표출하는 등 여러 방법을 통해 확인할 수 있다.

> 자신의 주의를 통제할 줄 아는 사람은 항상 자신이 생각하고, 말하고, 행하고 있는 것에 대해 깨어 있다. 붓다에 따르면, 우리는 대개 그런 것을 전혀 의식하지 못한다. 붓다는 우리의 일상적인 의식상태를 꿈에 비유한다. 우리는 잠 속에서 생각하고 말하고 살고 있다는 것이다. 이는

우리가 영위하는 파편화된 생활을 관대하게 표현한 말이다. 붓다는 말하기를, 우기가 어질지 못한 것들을 말하고 행하는 것은 우리가 정말 깨어 있지 못하기 때문이라고 한다. 우리가 온전히 지금 이곳에 존재한다면, 우리는 어질지 못한 것은 어떤 것도 말하거나 행하지 않을 것이다.

이처럼 붓다의 말은 무슨 일을 하든 깨인 마음mindfully이어야 한다고 했다. 모든 일에 깊이 집중하고 전심을 기울이라는 것이다. 우리는 모든 일에 있어 깨어 있는 정신으로, 또한 깨어 있는 방법을 적용함으로써 삶의 팽팽한 긴장으로부터 자신을 지킬 수 있다. 이것이야말로 진정한 행복에 이르는 비결이다. 누구나, 스마트폰에 몰두한 사람이 검색어를 읽고 있을 때 그의 어깨를 툭툭 쳐도 전혀 알아채지 못하던 경험이 있을 것이다.

이때 그의 의식은 언어에 집중되어 있을 뿐이다. 고대 인도의 명상가 파탄잘라는 그 사람은 '이 때문에' 즐거운 것이라고 했다. 그의 집중력은 단어 하나에까지 몰입하고 있어서, 그 자신은 물론 그의 문제들에서 벗어난 것이다. 한 마디로 몰입은 크게 생각하게 하는 관문을 통과하는 행위이며 무언가에 고립된 자신을 일상에서, 문제로부터 해방하는 일인 것이다. 결국 우리는 크게 생각하기 위해서 우리의 의식 상태를 최상으로 만드는 데 심혈을 기울일 필요가 있다. 아름드리나무는 한 알, 작은 씨앗으로부터 왔다는 사실이다.

나가서 즐겨라

진정한 즐김은 마음의 충만함에서 얻어진다. 우리에게 주어진 시간 중에 불필요한 시간은 어디에도 없다. 다만 주어진 하루를 어떤 용도로 쓸 것인가 하는 고민을 통해 가치 있는 일로 보내는 것이다. 우리가 마음에 여유가 있을 때는 평소 무심코 지나쳤던 것들을 보게 되고 그것들은 정서 함양에 큰 도움이 된다는 것을 알게 될 것이다. 시간을 정리해 보자. 성장에 도움이 되지 않는 것은 될 수 있는 대로 멀리하자. 아무리 써도 지치지 않는 즐김을 통해야 에너지가 솟구친다.

우리는 스스로 즐길 수 있는 것보다 더한 기쁨을 즐길 수 있다. 특히 우리는 역설적으로 생각해야 하는 법을 배워야 한다. 우리에겐 심오함에 대한 갈망이 있다. 피상적인 웃음소리에는 내용 없는 이미지일 뿐인데 무엇이 심오하다는 것인지를 모르고 지나칠 수 있다. 여기서 말하는 심오함은 신적인 것, 혹은 세상 밖의 오묘한 것, 과학적으로도 증명할 수 없는 그런 것들을 억지로 끼워 맞춰서 아무런 향기가 나지 않는 그런 향수를 만들어 버리는 것을 의미하지 않는다. 완전한 즐김은 완전한 자신과의 결합이다.

시인 발자크Balzac는 '공기와 빛의 이상한 합성을 꼭대기의 편 속에서 실현하는 것은 식물'이라고 한다. 그것은 '일종의 보들레르적 교감의 왼쪽, 꼭대기 편에서 마치 꼭대기의 가치가 밑바탕의 가치를 뒤흔들어 일으키는 것처럼 활동적이다.'라고 가스통 바슐라르Gaston Bachelard는 말하고 있다.

> 모든 식물은 하나의 램프다. 그 향기는 빛인 것이다. 모든 향기는 공기와 빛의 화합물이다.

이렇듯이 우리 역시 육체와 영혼의 혼합물이다. 인도에서 태어난 발렌타이 L. 수자는 '우리는 영원한 그림 안에 빛나는 존재'라고《님은 바람 속에서》에서 말한다. 우리의 일상은 영원한 그림일 수 있다. 그 그림을 무슨 색채로 나타낼지, 어떤 색감을, 질감을 나타낼지, 그 그림의 이미지는 차가움일지, 따뜻함일지는 우리 개인이 해야 할 몫이다. 우리는 페인트로 페인팅을 하든 어떤 방법으로든 그 그림을 채울 수 있는 능력이 있다.

그렇지만 우리가 '나는 그림을 몰라'라며 부정하는 경향을 보이는 이유 중 하나는 바로 내 안에 내가 없다는 사실을 충분히 인식하고 있지 않기 때문이다. 예를 들어 누군가가 우리가 가지려고 노력하지 않았던, 성향에 맞지 않은 선물을 갑자기 주면, 당혹스러울 뿐만 아니라 그 선물의 가치를 충분히 알지 못한다. 따라서 그 귀중한 선물의 중요성, 혹은 가치에 대해서 눈을 돌려 보질 않게 되는 경향이 있다. 사실 뜻밖의 일들은 우리 모두에게 매일 일어나고 있지만 우리는 그 순수한 사건의 본질을 미처 알아채지 못하는 것이다. 우리는 매일의 순간을 별로 대수롭지 않게 생각하는 것이다.

가스통 바슐라르가 말한 것처럼 모든 향기는 공기와 빛의 화합물이다. 우리가 사는 이 세상 모든 것은 하나의 우주이다. 이 관계가 우리 삶의 균형을 이루고 있듯이 우리도 마음의 균형을 이루어 삶을 즐겨야 한다. 즐긴다고 해서 마냥 즐겁고 기쁘게 노는 것이라고 말하려는 건 아니다. 모든 것들이 우리 생활의 본질을 바꿀 수 있다. 그것은 바로 사고의 전환이다.

심리학자 M. 스캇 펙은 《그리고 저 너머에》에서 인간관계 역시 하나의 체계이고 특히 결혼이 그렇다고 말한다. 부부 문제 심리 치료사로서 일하는 그의 아내는 '느슨함'이라는 용어를 만들어 냈다. 이 말의 의미는 결혼생활에서 배우자에 대해 서로의 정의가 느슨해야 한다는 것이다. 이는 부부간이지만 서로의 관계가 고정된 것이 아니라 유동적이어야 한다는 뜻이다. 어느 한 편 배우자가 변화하거나 성장하게 되면 상대 배우자도 이에 맞추어 변화하거나 성장해야 하는데, 그렇지 못할 경우에 결혼 생활은 깨어진다는 사실을 말하고 있다.

M. 스캇 펙은 하나의 가정에 체계가 있다고 앞에서 언급했듯이

그는 우리의 본질은 바뀔 수밖에 없다는 이론을 제시한다.

> 체계 이론에 의하면 우리는 때로 매우 신속하게 변화에 적응해야 하고, 그렇지 못할 경우 전체 체계는 와해될지도 모른다. 그러나 그와 같은 신속한 변화 능력을 가지기 위해서는 우리가 속해 있는 체제에 대한 정확한 인식을 하고 있어야 한다. 그러나 여기엔 어려움이 있다. 인간의 인식 정도는 아주 다양하다. 대부분의 사람들은 자신을 하나의 개체로 인식하며 자신의 시급한 필요나 욕망은 잘 인식하고 있지만, 사회적 동기와 그와 같은 동기가 만들어지는 '그림자'에 대해서는 잘 인식하지 못한다. 비교적 인식 정도가 높은 사람들이라 하더라도 우리가 속한 복잡한 조직들과 사회 체계들에 대해 잘 인식하지 못하고 있다는 사실은 놀라운 일이다.

그는 인식의 부재는 '의식 세계에 나 있는 구멍'이라고 하며, 그 심각성의 정도를 나타냈다. 대부분의 사람들은 새로움을 즐기기는 하지만 새로움을 발견하는 일은 거부한다. 이미 굳어져 버린 자아가 버티고 있기 때문에 그 과정들 속에 들어 있는 새로움을 발견하는 즐김을 거부하는 것이다. 그러나 새로운 즐김은 물리적인 시간상으로도 생물학적으로도 언제까지고 주어질 수 있는 성질의 것이 아니다. 이 사실을 수용하게 되면 인식차원이 높은 사람들일수록 놀랄 만한 성장을 이룰 수도 있다.

감사의 성장

매사에 감사할 줄 아는 사람은 그 도량이 하늘과 같다. 그래서 그 깊이와 크기를 측정할 수 없다. 본래 감사란 상대와의 관계성에서 발생한 것으로서 무상으로 받는 일종의 보상이라 할 수 있다. 남에게 베풀되 보상을 바라지 않고 사람들에게 나누어 줌으로써, 즉 사회에 환원하는 일을 아낌없이 할 경우 그 선물은 결코 본인에게 돌아가지 않을 수 없다. 필자는 감사는 '메아리 효과'라고 정의를 내린다. 메아리는 부메랑처럼 돌아온다. 이것은 우리가 알게 모르게 얼마나 많은 사람에게, 혹은 영적 지도자들로부터 받은 선물을 정말로 그것을 필요로 하는 사람들에게 준다는 뜻이다.

진정 우리 자신이 바라는 일이다. 감사함을 잃어버린 자기중심적인 사람은 이 사회가 바라는 사람이 아니다. 우리는 그런 사람에게 감사, 즉 성장을 강요할 수 없다. 단지 그 사람이 감사함을 경험하게 되면 그러한 경험을 선호하게 될 것이라는 생각을 하고 있다. 그가 감사를 통해 성장하도록 감사의 즐거움을 말해 줄 수 있을 뿐이며, 그의 감사의 성장 가능성을 높일 수 있을 뿐이다. 감사의 성장 경험을 할 수 있는 사람은 오직 그 단 한 사람뿐이다. 누군가 그 사람을 대신해서 이런 경험을 체험해 줄 수 있는 일이 아니다. 감사의 성장이 그의 삶의 일부가 되려면 그 사람이 그것을 좋아해야 한다는 결론에 닿는다.

종종 감사의 성장에서의 표현과 의사소통은 신비하고 시적인 경향이 있다. 예들 들어 "천국에 갔다 왔어요. 정말 신기해요."라든가 "깜깜한 어둠 속에 밝은 빛줄기가 내 심장 속으로 들어왔어요." 또는 "내 온몸의 핏줄이 다 빛줄기예요."라고 한다. 이들의 창조성에 관한 언어는 그들이 감사의 성장을 하기 전에는 결코 무엇인지를 인식하지 못했던 것들이다. 자, 감사의 성장! 그것은 건물에 금이 간 그 틈새까지에도 스며들 것이다. 그 빛은 어둠의 곳곳을 밝혀 줄 수 있는 강렬한 감사의 성장 빛이다. 결국 그 빛은 유희이다.

감사의 성장은 계획에 의한 것이 아니고 미리 설정한 드라마처럼 일으킬 수 있는 것도 아니다. 즉 감사의 성장은 매 순간 긍정 정서와 긍정 자존감을 향상시키는 그 지점에서 발생한다. 우연히 발생할 수 있는 소지를 담고 있는 성질의 것이 아니다. 종종 뜻밖의 감사에 놀라는 경우가 있을 것이다. 그 감사는 우리가 예상했다거나 계획을 세워 일어난 일과는 무관하다. 다만 감사의 성장 과정에서 자신을 재발견한다는 것은 신선한 충격이라는 식의 반응이 매우 빈번하다.

사람들은 감사의 성장을 공통으로 경험하게 된다. 종교가 있는 사람은 신에게, 그렇지 않은 사람은 자연, 사람, 운명, 현존, 그리고 애완견, 애완고양이, 길고양이, 보드블록 틈새 작은 풀, 이처럼 경이로운 일이 발생할 수 있도록 해 준 모든 것들에 감사하게 된다. 이처럼 인간의 순수의식 자체의 경험은 개인의 삶 전체가 감사함으로 빛난다는 것임을 입증한다. 일상에서의 긍정 자존감은 일상 너머의 순수 의식에 대한 앎으로서, 이는 예외적이다. 왜냐하면 인간 경험 전체는 의식이 나타난 것이면서, 또한 동시에 나타나지 않는 것을 입증하기 때문이다.

사실 감사의 성장은 접근 방식에 따른 인간 경험 그 자체만큼이나 다양하다. 공자는 "성인과 인자야, 내가 어찌 감히 바라겠느냐? 그저 일을 하는 데는 싫어하지 않고, 사람을 가르치는 데는 게으르지 않을 뿐이다."라고 하였다. 또 공자는 "지자는 물을 즐거워하고, 인자는 산을 즐거워한다."라고 하였다. 또 자로에게 "너에게 안다는 것이 무엇인지 가르쳐 줄까? 아는 것은 안다 하고 모르는 것을 모른다 하는 것이 아는 것이다."라고 하였다. 이는 우리가 태어나면서부터 순진무구했던 인간의 자연성을 잃어버린 데 대한 측은심이 아닐까 싶다.

유가에서는 사람을 인위적으로 현인군자를 만들려고 무척 노력한다. 그러므로 공자는 "인은 사람을 사랑하는 것이다."라고 하였고, "내가 일을 할 때에는 존경스러운 마음으로 하고, 사람과 교제할 때에는 충성을 다하라."라고 하였고, "인자만이 사람을 좋아할 수 있다."라고 하였다. 이로 보아 유가에서 말하는 인은 주로 사람과 사람 사이에 일어나는 순수 감정임을 알 수 있다. 인간의 순수 감정은 역동적인 힘을 가지고 있다.

우리가 지금까지 알고 있는 내적 본성은 근본적으로 악한 것이 아니다. 우리 문화의 성인들이 '선'이라고 부르는 것이거나, 혹은 더욱 중립적인 것이라 볼 수 있다. 이를 더 정확하게 표현하자면, 내적 본성은 선이 악보다 우선한다는 것임을 알 수 있다. 따라서 감사의 성장은 대상이나 상대에 대한 주의 깊음과 함께한다. 주의 깊음은 어떠한 분별없이 선한 마음을 베푸는 행위라는 것을 알 필요가 있다. 누구든, 무엇이든 모든 생명체에 대한 경이, 모든 사람에 대한 존중, 모든 하찮게 여기는 것들에도 생명을 불어넣어야 한다. 모든 것들로부터 경계를 거두어 들여. 들판을 뛰노는 양떼들처럼 삶이 평화로워지려면 말이다.

진정한 즐김은 마음의 충만함에서 얻어진다. 우리에게 주어진 시간 중에 불필요한 시간은 어디에도 없다. 다만 주어진 하루를 어떤 용도로 쓸 것인가 하는 고민을 통해 가치 있는 일로 보내는 것이다.

chapter 9

길과 탈출구

자기 사랑의 길

상대방을 사랑하는 길

몸과 말의 길

이미지를 만들어라

자기 사랑의 길

삶에는 누구라도 접근 가능한 길이 있다. 그런데 그 길이 바른 길이 아니면 탈출구를 찾아야 한다. 길을 가려면 한 번에 한 발자국씩, 바느질 땀처럼 똑같은 방식으로 가야 한다. 성급하다고 한 번에 두 땀을 갈 수는 없는 일이다. 우리가 가는 길은 어디에도 이르지 못할 영원한 쳇바퀴 돌기가 아니다. 설령 쳇바퀴 돌듯 도는 것이 삶이라고 생각할지라도 그 삶은 이미 직선 위를 한참 지나온 것이라는 걸 알아채야 한다. 우리는 주체적이든, 객체의 영향이든 어떤 방식으로든 지금껏 살아왔다면 지금부터는 진정한 자신의 길과 탈출구를 마련할 시기이다. 그것은 곧 자기 자신에 대한 사랑의 길이다.

이러한 점들은 우리가 어릴 적부터 환경에 고착된 자신을 재조명하고자 하는 데 의의가 있다. 길과 탈출구는 생존을 위한 필수 요인이다. 우리는 왜 지금까지 쾌락을 좇고 고통으로부터 끊임없이 달아나려 몸부림을 쳤을까? 이 물음에 대한 대답은 순전히 자신의 '알아차리기 훈련'을 통해서 그 답을 구할 수 있다. 지금까지 지녀 온 심리 반응 체계를 왜 그토록 지녔는가 싶을 정도일 것이다. 안소니 드 멜로는 '알아차리기 훈련'을 제시했다.

> 우선 자기가 정신을 집중하여 의식하고자 하는 감각을 하나 선택하십시오. 자기 몸의 일부에 대한 감각이나 호흡 또는 주위의 소음과 같은 것을 선택하는 것이 좋습니다. 이제 선택한 그 감각에 정신을 모으되, 자신의 생각이 다른 것으로 옮겨가거든 즉시 그 변화를 알아차리도록 하십시오. 호흡에 집중하십시오……대개 얼마 안 가서 다른 것으로 생각이 옮아가기 쉽습니다. 어떤 이 나거나 소리가 들리거나 다른 감각이 느껴지거나…….
>
> 이제 자기가 다른 것에 마음을 쓰게 된 것을 알아차렸다고 합시다. 그러나 이것은 본심으로 여기지는 마십시오. 하지만 중요한 것은 자기 마음이 다른 데로 옮아 가고 있는 그 순간에, 또는 옮아 간 직후에 그 사실을 알아차리는 것입니다. 만일 이런 변화가 있은 지 한참 후에야 그 사실을 깨닫게 되면 그 경우에는 이를 본심으로 여기십시오……. "나는 숨을 쉬고 있다-나는 생각하고 있다-이제 나는 소리를 듣고 있다 듣고 있다-듣고 있다-이제 자증이 난다-짜증이 난다- 이제 지루하다-지

루하다-지루하다…….”

이 훈련에서 자기 마음이 돌아다니고 있다는 것을, 다른 것에 정신을 쏟고 있다는 사실을 알아차리고 있는 한에는 그것을 본심으로 간주하지 않는다고 한다. 일단 이러한 변화를 알아차리게 되면, 그 새 대상(생각하기, 듣기, 말하기…)에 잠시 전념을 하라고 한다. 그런 다음 본래 마음먹었던 기본 대상(호흡)에 돌아가라고 한다.

자신을 의식하는 이 기술을 터득하게 되면, 자기 생각이 다른 대상으로 옮아 간 것을 알아차리게 될 뿐 아니라 옮아 가고 싶다는 충동까지도, 다른 무엇으로 마음이 옮아 가고 싶어 하는 자신 안의 그 충동까지도 의식할 수 있게 된다는 것이다.

우리는 자기 자신 안에서 무슨 일이 일어나고 있는지를 알아차린다. 이 훈련을 통해 우리는 얼마나 자기를 잊고 다른 사람에게 마음을 쓰도록 강요했는가를 알게 된다. 이것을 알아차리면 자신은 물론 주변 사람들에게 좀 더 효과적으로 대할 수 있게 되고, 심지어 직접 해를 끼칠 위험성까지 알아차릴 수 있어 평탄한 마음의 길을 갈 수 있다. 안소니 드 멜로는 자기를 의식하는 것은 자신과 이웃에 대해 더 큰 사랑을 지니게 해주는 유력한 수단이라고 한다. 또한 자기를 사랑하게 되면 더욱 깊이 사랑하게 될 뿐 아니라 그것이 순순한 사랑이라면 더 깊이 자기를 의식하게 해 준다고 한다. 따라서 그는 자신에 대한 의식을 개발하기 위해서 심오한 방법을 찾으려 들지 말라고 한다. 우리는 자기 자신을 한층 더 깊이 의식하게 됨으로써 누리게 되는 평화로움과 사랑의 열매를 맛보게 될 것이라고 그는 덧붙인다.

우리는 자기를 더욱 사랑할 수 있는 길을 선택하는 훈련을 평소 꾸준히 연마해야 한다. 자기 사랑의 길을 가기 위한 훈련의 기초를 앞에서 언급했지만, 문제는 자기 스스로 얼마나 오래 지속적으로 훈련을 하느냐에 따라 미치는 영향이 각기 다양하고 다르다는 점이다. 그러므로 별 의식 없이 하루를 자동화된 채로 살기보다는 자신은 물론 주변 사람들을 연구하여 상대를 이해시키고, 이해하고, 설득하는 방법을 익혀 두어야 한다. 자기 사랑의 길을 가지 못하면서 어떻게 다른 사람을 사랑할 수 있겠는가? 자기는 위기의 길에서 탈출 못하면서 어떻게 다른 사람에게 탈출을 시도해 보라고 권유할 수 있겠는가. 이는 쓸데없는 자만심의 작동이라는 것을 알아차려야 한다.

우리는 사회적 인간으로서 다른 사람에게 말하는 내용을 책임질 수 있어야 한다. 따라서 우리는 그만한 의식변화를 일으켜야 하고 그만한 정보들을 수집하여 응용하여야 한다. 비록 아직은 자신 사랑의 길의 패러다임을 재구성해서 보다 나은 삶의 질을 향상시키기 위해서는 더 많은 독서와 인성을 함양하여 자기의 주장을 분명히 하고 상대를 설득할 수 있어야 한다.

그렇다고 우리는 원하는 모든 것을 얻을 수는 없다. 그건 불가능하다. 하지만 다행스러운 것은, 우리가 가야 할 길의 선택과 그것이 아닌 길 앞에서의 탈출구를 찾아야 하는 선택이 가능하다는 것이다. 우리는 자신의 마음을 다스려, 끊임없이 일어나는 욕망의 순환 고리를 자세히 관찰해야 한다. 다시 말해 우리는 욕망의 움직임을 관찰할 뿐 아니라 그 욕망을 잘 다스리는 법을 배우는 것이다. 잠시 시간을 내어 책을 읽거나 클래식 음악을 듣거나 그림 감상, 혹은 눈을 감고 바람결을 느끼며 뇌를 환기해 보자. 집중을 않는데 억지로 무언가를 하려 하면 안 하는 것만 못 할 뿐 아니라 해 놓은 것마저 망쳐 버리는 수가 있다. 호흡에 집중하면 작업의 능률은 훨씬 오를 것이며 작업시간도 단축된다는 것을 느낄 수 있다.

상대방을 사랑하는 길

우리는 상대방을 나 자신처럼 존중하고 사랑해야 한다. 상대방은 나를 있게 하는 존재이다. 상대방과 함께하지 않고는 나 자신 안으로 들어갈 수가 없다. 나 자신을 의식한다는 것은 상대에 대한 의식을 발전시킬 뿐만 아니라 나 자신은 상대와 함께할 때 비로소 이루어진다. 나 자신을 의식하고 있는 만큼 상대방을 알아차릴 수 있어야 한다. 의식하고 있는 그만큼 마음은 만족을 지니며 상대와의 사이에 있어 한층 더 깊은 통찰력을 얻게 된다. 이때 나 자신의 공허함을 상대와 나누면서 공허감을 채우기도 하는 것이다. 우리가 나 자신에게 머문 관심을 상대에게 돌릴 때 그곳에서 변화가 일어난다.

안소니 드 멜로는 생명이 없는 모든 피조물에 대해서 경외심과 존경을 표하는 자세를 배우라고 권한다. 그리고 모든 대상을 사람을 대하듯, 사람을 물건 대하듯 하지 않도록 해야 한다고 한다. 그렇다. 해와 달, 밤과 낮, 새와 나무, 모든 피조물은 바로 나 자신을 대하듯 하라는 것이다. 이는 곧 모든 피조물을 인격화하라는 뜻이다. 그럴 경우 생명이 있든 무생물이든 모든 것을 함부로 대할 수 없다. 바로 겸손한 자세로 대해야 한다. 이는 진실로 위험 요소 너머 평온을 창조하는 행위라고 볼 수 있다.

우리는 종종 인간관계에서 발생하는 고역스러운 문제를 회피하려는 경향이 강하다. 이것은 우리 스스로 고역스러운 문제를 회피하는 욕망에 쫓기고 있다는 것을 방증한다. 어떤 문제가 도래했을 때 해결책을 고안하고 전략을 고안해 낼 수 있는 상황을 견뎌내지 않으려는 안일한 태도는, 본인의 악습을 강화하는 일밖에 되지 않는다는 것을 인지해야 한다. 상대를 사랑하는 길은 멀다. 하지만 그 상대는 나의 반쪽이라는 개념을 세운다면 그 상대는 나의 지원자가 될 것이다.

우리가 결국 상대를 사랑하는 길로 접어들려면, 사랑의 길 자체를 연구해서 그 길이 어떻게 만들어져야 하는지를 배워야 한다. 또한 우리가 상대를 사랑하는 방법을 피한다면 그것은 상대에 대해 매우 몰인정한 짓을 하는 것이다. 정녕 상대를 사랑하고 싶다면 상대를 바라보는 방법을 다시 배워야 한다. 우주 존재의 골수까지 스며든 사회의 뿌리를 뽑아야 한다.

우리는 둔감한 자신에게서 벗어나야 한다. 사람은 나이가 들수록 감각이 둔해진다는 데 미리 앞당겨 감각을 둔화시킬 필요까지는 없다고 생각한다. 외부적으로는 예전과 다를 바가 없겠지만, 우리 자신도 이 세상에서 살고 있지만, 더는 지난 시간 속의 우리 자신은 아니다. 마침내 우리 자신은 마음속으로 자유로워지고 탄력성 있는 자신이 될 것이다. 이미 눈을 버렸고 입을 버렸고 팔다리를 버린 채 상대의 손길을 기다리는 사람으로서 나 자신을 보자. 나약하기 이를 데 없는 불구의 몸이 아니겠는가.

아, 처지를 바꾸어 생각하면 상대방은 바로 우리 자신이다. 우리의 마음과 관심, 자비와 사랑은 촛불처럼 온정을 느끼게 한다. 새로운 눈으로 상대방을 보고 있는 자신을 발견하게 된다. 냉정하고 무관심하게 대했던 상대에 대해서 친절하고 관대하게 대하게 된다. 사필귀정(事必歸正)이다. 상대방은 우리 자신이 그에게 한 것 같은 방식으로 우리에게 반응하게 될 것이고, 우리는 우리 자신이 만든 사랑 가득한 세상에 살고 있음을 깨닫게 된다.

반면 우리가 상대방에게 차갑게 대했던 일들을 생각해 보자. 우선 우리 마음이 편안했는가? 차갑게 대한 마음은 집에 와서도 속을 긁어내지 않던가. 그때 우리는 자신의 부정적인 정서를 표출한 자신의 반응을 살펴보지 않을 수 없다. 싫다. 왜 그렇게까지 상대를 대하지 못했을까 하는 자괴감마저 들기도 한다. 우리 스스로가 만든 세상의 덫에 갇혀 적대적인 세상, 즉 얼음 속에 사는 것 같은 감정의 소용돌이를 경험하게 되지 않던가. 이때 감각을 부정할 수 없으며, 바보 같은 짓을 한 자신의 냉정함 그것이 무엇인가를 바라봐야 하지 않았던가. 인과응보(因果應報)다. 그 일을 거울로 이용하며 반성하게 된다.

이미 우리 자신이 우리 스스로에 대해 알고 있는 만큼 그것만으로 상대를 봐야 한다. 우리에게 없는 것을 상대에게서 찾으려 한다면 그것은 헛된 일이다. 우리 자신이 허깨비 같은 존재임을 입증하는 일이다. 상대를 알고 이해하기 전에 우선 자신의 마음자리에 무엇이 들어앉아 상대를 있는 그대로 바라보지 못하는가를 파악해 봐야 한다. 우리의 의도와는 다르게 어떤 반응을 표현했는지, 그 표현의 방식이 적절하기는 했는지, 그 표현 방법 말고 다른 표현 방법은 왜 구사하지 못했는지 자신의 마음과 행동을 점검한다면, 불편한 마음과 상대에 대한 미안한 마음을 덜 수 있다.

우리는 매순간이 모험이다. 고로 매순간 깨어 있어야 한다. 우리를 둘러싼 환경, 혹은 상황 안에서 상대방과 함께하면서 우리의 순수한 향기를 드러내야 한다. 그러므로 보통 우리 각자가 처한 환경 안에서도 상대를 품으려는 노력 안에 우리는 함께하는 기쁨을 깨닫게 된다. 상대방을 사랑하는 길이란 우리 자신을 알고 상대를 아는 것에 있는 것이 아니라, 우리가 상대를 경외 혹은 존경의 의지를 갖추고 그와 일치하고자 하는 깊은 사랑임을 깨닫게 되고, 상대를 품으려는 참 평화의 시간을 살게 되는 것이다.

안소니 드 멜로는 눈을 감은 채 우리 앞에 놓인 물건을 더듬으며 살펴보라고 한다. 이때 중요한 것은 경이롭게, 경의를 표현해야 한다는 것이다. 그 물건의 거칠음 또는 부드러움, 딱딱함, 따뜻함, 차가움을 느껴보라는 것이다. 그 물건을 다른 부분, 혹은 얼굴이나 이마, 손 등으로 느끼는 감촉을 통해 그 물건을 잘 알게 된다는 것이다. 그것과 친숙해졌으니 시각을 통해 그것을 알아보라고 한다. 아울러 눈을 뜨고 다른 측면에서 그것을 바라보라고 한다. 모든 부분을 하나하나 세밀하게 살펴보라고 한다. 그 형태나 다양한 부분들을, 혹은 냄새를 맡아 보고 할 수 있으면 맛을 보고, 귀에 가까이 대고 들어 보라고 한다. 도는 물건을 만져 봄으로써 그 감촉을 느껴보라는 것이다. 그 물건에 대해서 질문을 하면서 그것의 삶과 기원과 미래를…….

> 그 물건이 그 존재와 운명의 비밀을 열어 보일 때, 귀담아 들으십시오… 그 물건이 존재한다는 것이 그것에게는 무슨 의미가 있는지를, 당신에게 설명해 주는 것을—들으십시오…당신의 물건은 당신에게, 당신 자신에 대해서 드러내 보여주고자 하는 어떤 숨은 지혜를 지니고 있습니다…이 지혜를 보여 주기를 청하고 그것이 말하는 것을 들어 보십시오…당신은

이 물건에게 무엇인가 줄 수 있는 것이 있습니다… 그것이 무엇입니까? 그 물건은 당신에게서 무엇을 원합니까… 이제 타인의 물건을 다시 한 번 바라보십시오…그 물건에 대한 당신의 자세가 바뀌었습니까?…주위에 있는 물건에 대한 당신의 태도가 어딘가 바뀌었습니까….

우리는 경험한 것을 믿어야 한다. 우리가 주의를 기울였기 때문이다. 눈을 감고 그 물건의 '촉감을 느끼는' 체험과 눈을 뜨고 '정확하게 아는 것'은 무엇을 의미하겠는가. 우리는 직접 눈으로 보지 못한 것임에도 불구하고 관념을 뒤집어씌워 상대를 오해하지는 않았는가? 세부적인 것에 주의를 집중했는가? 눈으로 정확하게 확인하지 않은 물건의 정체에 대해서 무슨 생각으로 그것을 증명할 수 있단 말인가? 우리는 그것들이 하는 것, 그것들이 그냥 존재하는 것, 그것들이 거기에 있지 않으면 안 되는 필연적인 무엇인가를 알아차려야 한다고 생각한다.

사랑하는 사람들은 한 곳을 바라본다고 한다. 상대방을 사랑하는 길도 그것과 마찬가지다. 상대방이 무엇을 원하는지 충분히 인식하고, 자신과 상대의 요구가 함께 충족되며 그 균형을 잡아야 한다. 이처럼 서로의 욕구 충족도 필요하겠지만 상대방을 사랑하는 길은 그와 함께 손을 잡고 한 길로 나아가는 것, 이것이야말로 진정으로 상대방을 사랑하는 길이라 할 수 있다.

몸과 말의 길

몸은 평형감각을 이루고 있다. 언제나 어느 한쪽으로 치우침이 없다. 모든 인간의 존재, 혹은 존재자의 토대이다. 몸의 본질은 운동성에 있다. 몸의 속성이 그러하듯 끊임없이 감각들이 교차, 충돌을 반복하면서 생생한 충동 속에 존재하는 것이다. 다시 말해 몸은 다양한 감각들이 서로 충돌하면서 생성, 또는 소멸하는 그런 실존의 장이다.

이렇게 몸의 언어가 감각을 기반으로 한다면, 우리의 몸말은 필연적으로 몸으로부터 나올 수밖에 없다. 인간의 삶을 이루는 우리의 몸이 이루는 질료들은 오욕(五慾)과 칠정(七情)을 벗어날 수 없다. 몸의 토대에 대해서 말하는 문학평론가 이제복에 따르면, 몸으로 말하기를 하는 경우 여기에는 언제나 생생한 실존의 충동으로서의 긴장이 성립될 수밖에 없다고 한다.

눈·귀·코·혀·피부의 다섯가지 몸의 감각기관, 즉 오근(五根)이 각각 색(色)·성(性)·향(香)·미(味)·촉(觸)의 다섯 가지 감각대상에 집착하여 야기되는 5종의 욕망은 세속적인 인간의 욕망 전반을 뜻한다. 또한 희(喜)·노(老)·애(愛)·락(樂)·애(愛)·오(惡)·욕(慾)과 같은 칠정은 모두 몸으로 느끼는 감정이다. 몸이 없다면 우리는 이런 감정을 느끼지도 또 가질 수도 없다. 따라서 몸은 인간의 삶을 현현(顯現)하는 존재의 집이다. ……말은 곧 인간의 삶을 현현하는 존재의 집으로 정의된다. 그리고 이것은 다시 '몸은 말이 존재하는 집'이라고 정의되기에 이른다. 몸 없이 말이 생성될 수 없으며, 말없이 몸이 드러날 수 없다.

그는 몸과 말에 관하여 시사한 조광제의 발언을 요약하고 있는데 그 내용을 살펴보자.

조광제의 논점은 크게 두 가지이다. 하나는 말의 떨림이 근원적으로 몸의 떨림에서 비롯된다는 것이고, 또 다른 하나는 정신이나 영혼 또는 얼이 일종의 떨림으로 이해될 때에도 그 떨림은 몸의 떨림이지 않고서는 다른 어떤 것일 수 없다는 사실이다. 말이나 몸을 설명하면서 '떨림'이라는 말을 사용하는데 이때의 떨림은 다른 것이 아니다. 말은 목청을 떨며 울려 나오는 것이고, 이때의 말의 떨림은 몸이 처해 있는 존재론적인 상황에 의해 다양한 형태로 드러나는 것이다. 가령 두려움과 공포의 순간에 우리는 몸의 떨림을 경험하게 되고 이 떨림은 목청의 떨림으로 이어져 '으악'이나 '악'과 같은 말의 형태를 만들어 낸다. 즉 몸이 놓인 상황에 따라 몸 떨림이 발생하고, 이것은 말의 떨림을 통해 하나의 표현을 얻게 되는 것이다……

문학평론가 이재복은 말의 떨림이 몸의 떨림에서 비롯된다는 고

찰한다. 몸과 말을 분리가 아니라 통합의 관점에서 이해하고 이야기하고 있다. 몸과 말이 불가분의 관계에 놓여 있다는 것은 말 못지않게 몸에 의한 체험이 중요하다는 것을 의미한다.

> 몸에 대한 체험의 중요성은 말 이전의 고통을 강조하는 '온몸의 시각'으로 드러나기도 한다. 온몸으로 세계와 부딪혀 나갈 때 하나의 세계를 가질 수 있다는 이 '온몸의 시학'은 말하기 주체의 순결성 혹은 진정성을 의미하고 있는 것으로 볼 수도 있지만 기본적으로 이것은 몸과 말 사이의 긴밀한 관계에서 비롯되는 미적인 긴장aesthetic tension을 강조하고 있는 것으로 해석할 수 있다. 몸과 말 사이의 미적인 긴장이 성립되지 않으면 몸과 말은 각각의 존재성을 상실……. 몸과 말 사이에 미적인 긴장이 성립되면 말하기 주체는 자신의 육화된 의식과 세계 사이의 상호 침투를 통해 역동적인 흐름을 창조해 낼 수 있게 된다.

몸은 본질적으로 운동성을 특성으로 한다고 말하는 이제복은, 몸이 하나의 살아 있는 유기체이기 때문이라고 한다. 그는 또한 몸은 그 안에 무정형적이고 충동적인 욕구를 내장하고 있으면서 그것이 일정한 리듬을 생산한다고 한다. 이 사실은 몸이 어떤 일정한 틀이나 형식으로 가둘 수 없는 수와 형태 이전의 생명의 숨결 같은 생생한 실존의 감각으로 존재하는 그런 구성물이라는 것을 의미한다고 한다. 그리고 몸의 움직임 혹은 리듬은 그 자체가 곧 삶의 움직임, 혹은 실존의 리듬이 되는 것이라고 덧붙인다.

안소니 드 멜로는 사람들에게 즉시 긴장이 풀리는 느낌이 들게 해 주는 방법을 제시한다. 그는 우리가 우리의 몸이 느끼고 있는 어떤 감각들을 스스로 분명하게 의식하고 있지 못하는 그런 감각들을 알아차리기를 바라는 의미에서 그 방법들을 시도해 보면, 대개 한두 사람은 너무나 긴장이 풀린 나머지 그만 잠이 들고는 한다고 한다. 그 방법을 한번 살펴보자.

> 어깨에 닿는 옷의 감촉을 의식하십시오…… 이제 등에 와 닿는 옷의 감촉을 의식하십시오. 또는 앉아 있는 의자 등받이에 자기의 등이 닿는 것을 의식하십시오…이제 자기 두 손이 서로 닿는 느낌이나 무릎 위에 편안히 놓여 있는 것을 의식하십시오…… 이제 넓적다리나 엉덩이가 의자에 닿아 눌리는 것을 의식하십시오…… 이제 발이 구두에 닿는 것을 느끼십시오…이제 자기의 앉은 자세를 정확히 의식해 보십시오… 다시 한 번 어깨를 ……등을…… 오른손을…… 왼손을…… 넓적다리를…… 발을…… 앉은 자세를…… 또다시 어깨…… 등……오른손…… 왼손……오른쪽넓적다리……왼쪽넓적다리……오른발…… 왼발 ……앉은 자세…….

안소니 드 멜로는 우리 몸의 한 부분에서 다른 부분으로 옮겨 가면서 한번 모두 의식해 보라고 한다. 각 부분에 2, 3초 이상 머물지 말고 우리가 원하는 부분을 스스로 택해서 의식해도 좋다고 덧붙인다. 머리·목·팔·가슴·배 등으로……. 중요한 것은 각 부분의 감각을, 그 느낌을 의식하라는 것이다. 그것도 1~3초 동안 느낀 다음 다른 부분으로 옮겨 가며 의식하라고 한다. 5분 후 눈을 가만히 뜨면 훈련이 끝난다.

우리의 삶에서 가장 큰 적의 하나는 신경이 긴장하는 것이다. 이 훈련은 그 문제를 해결하는 데 도움이 될 뿐 아니라 본심(本心)으로 돌아가면 긴장이 풀리는 법이라고, 몸의 감각들을 온전히 알아차리게 되면 주위의 소리, 자신의 호흡, 입안에 들어 있는 음식의 맛을 가능한 한 온전히 알아차리게 되면 긴장이 풀리는 거라고 그는 말한다.

사실 현대인은 바쁜 일상 속에서 자신의 감각활동에 대해서 거의 의식 못하고 산다고 해도 과언은 아닐 것이다 우리는 현재를 살되 지금-여기 이 순간에 머물러 사는 경우가 드물고, 대체로 과거 또는 미래 속에서 살고 있을지도 모른다. 과거의 날들 속에서 후회하고 괴로워하는가 하면, 지난날들의 행복한 순간들을 회상하기도 한다. 한편 미래를 살면서 앞으로 다가올지도 모르는 재난이나 불쾌한 일들을 걱정하기도 하고, 장차 누리게 될 기쁨을 노래하며 미래의 일들을 공상하기도 한다. 중요한 것은 현재 여기 이곳에서 머무를 수 있는 능력을 기르는 것이다.

자, 지금 자신의 몸 어느 부분이 정확히 긴장하고 있는지 살펴보자. 이러한 과정은 우리 스스로 긴장을 만들고 있다는 사실을 알아차리는 것이다. 그런데 이런 감각을 느끼지 못하는 사람들이 있다는 데 대해 의아할 수밖에 없다. 사람들은 자신의 감각들을 통해 생각하고 말하는 영역에서 벗어나서 느끼고 의식하고, 사랑하고 직관하는 영역으로 옮겨 가는 방법을 배워야 한다. 왜냐하면 많은 사람이 머리로만 살아가고 있다는 것이다. 아니 자신의 감각을 상실한 채 머리로만 살아왔기 때문에 감수성이 죽어 버린 것이기 때문이다. 우리의 살갗 표면은 지각(知覺)이라는 생화학 반응 세포 수조 개로 덮여 있는데 우리는 단 몇 개라도 느끼기가 힘들다는 사실이다.

우리는 우리 몸의 반응에 주의를 기울이지 않은 채, 스스로 무감각하게 만든 장본인이다. 과거 고통스러운 일들을 잊어버리려 애썼듯이 그만큼 머리를 사용했지 몸의 말을 듣지 않았던 것이다. 우리의 인식과 지각 능력, 또는 주의력과 집중력이 떨어졌다는, 즉 아직도 둔하다는 말은 바로 이런 것들에서 기인한다고 볼 수 있다. 우리는 우리의 몸의 말, 즉 감각훈련을 통해 우리의 몸이 다시 감각을 회복하고 흔들리던 마음이 고요해질 때까지 몸 감각 훈련을 해야 할 필요가 있다. 진정한 우리의 몸의 소중함을 일깨울 수 있을 뿐 아니라 이를 통해 느슨함은 물론, 평화를 느끼게 될 것이라고 생각한다.

이미지를 만들어라

지금의 이 시대는 비주얼 컬처visual culture 시대이다. 비주얼 이미지는 우리 안에 강력하게 뿌리박혀 있는 심리작용이다. 오늘날 우리들의 모든 이미지는 각종 매체, 우리가 보는 영화, 그리고 우리가 보고 듣는 광고 같은 것들에서 심리적인 현실성을 갖는 것이다. 우리들의 외부 환경적 이미지, 그것이 갖는 모든 현실성을 그곳에 부여하면, 이미지란 것이 어쩌면 오늘의 우리를 살게 하는 힘이라는 말이 될 수 있다. 이미지는 상대방에게 자신을 나타내는, 일명 '증명서'를 보이고자 하는 보다 큰 심리까지도 가지고 있다고 볼 수 있다.

이처럼 이미지를 높여야 하는 이유는 무엇일까? 이것은 비주얼이 이 시대를 규정하는, 즉 인간의 욕망을 극대화하는 문화적 조건과 근거를 지니고 있기 때문일 것이다. 따라서 우리는 자신에게 '이 정도쯤은 해 줘야지!'라는 무언의 압력을 가하기도 한다. 흔히 대중매체 혹은 멀티미디어라는 다양한 미디어의 출현은 인간의 시각을 과잉, 즉 비만하게 한다. 하지만 미디어에 의한 시각의 비만은 디지털이라는 새로운 과학기술의 결합으로 점점 더 팽팽해지고 있다는 데에 문제의 심각성을 우려하지 않을 수 없다.

이제 일반적으로 생각하는 참신한 이미지를 선호하는 시대는 지났다. 세계는 급속히 진보하고, 시대의 흐름은 쏜살같이 달아난다.

이제는 쓸모없는 사물에 집착하는 사람이 거의 없을 것이다. 농경시대에나 사용하던 쟁기나 써레를 사용하기 위해 거실에 둘 사람이 과연 있을까? 이와 다를 바가 없다. 네온사인이 밤거리를 화려하게 수놓는데 초롱등불이나 타다 남은 촛불로 밤거리를 환하게 밝힐 수 없다. 즉 시대에 뒤떨어진 한낱 꿈일 뿐이다.

이미지는 긍정 자존감이다. 이에 아니요, 라고 거부할 사람은 없을 것이다. 즉 이미지는 사회적·문화적 흐름이라는 특징을 지니고 있기 때문이다. 오늘날 급속도로 확산하는 은어, 신조어처럼 자신의 이미지에 대한 효과는 급속히 현대화되는 것이기에 더욱 그렇다. 예를 들어, 제시카 고메즈라는 세계적인 모델의 보정-인간의 몸을 이상화된 몸에 맞게 이미지를 조작하는 것을 가리킨다.- 전후 사진은 그 느낌이 다르다. 모델은 뚱뚱한 뱃살을 은폐하기 위해 보정을 했다는 것을 알 수 있다.

우리 자신의 몸이라 해서 똑같은 몸이 아니다. 사회적으로 몸은 그 상품성에 의해 계급이 정해진다. 몸 담론을 연구하는 문학평론가 이재복은, 계급의 가장 위에 위치하는 몸은 대개 시각적으로 이상화된 몸이라고 하면서 인간의 몸이 단순히 감각의 차원을 넘어서 인간의 의식이나 무의식의 차원까지 커다란 영향을 미친다고 견해를 밝힌다. 또한 감각적인 이미지들은 인간의 의식이나 무의식의 심층에 반드시 흔적을 남긴다고 한다. 그런데 눈에 보이는 몸의 외형의 아름다움 혹은 관능적임이 하나의 준거가 되면서 그에 따라 우열이 결정되는데, 이 준거는 자연적인 것이 아니라 철저하게 권력과 세력에 조절되고 통제될 수 있다는 데 그 심각성이 존재한다.

이미지는 우리 자아의 진실을 표현하는 행위이다. 우리는 다양한 미디어를 통해 길들어 있다. 작은 얼굴과 마른 몸매가 이상적이라는 미적 기준이 보편타당성을 가진다는 듯이 말이다. 마치 그것이 진실인 것처럼 믿어 버리는 경향이 있는 것이다. 마찬가지로 이처럼 작은 얼굴과 마른 몸이 우월하다는 인식은 큰 얼굴과 뚱뚱한 몸을 희화화하고 열등한 것으로 만들어 버리는 경향이 있다. 몸을 신격화한 나머지 모델들을 죽음으로 내몰기도 한다. 마이클 잭슨에 대해서도 재고해 보지 않을 수 없다. 이것은 백인 중심의 문화, 남성 중심의 문화, 청년 중심의 문화가 만들어 낸 허상에 불과하다고 이재복은 말한다. 그뿐만 아니라 시각의 폭력, 실로 뿌리 깊은 것으로 미디어에 길든 모든 사람에게까지 퍼지어 성형이나 다이어트 열풍을 가져 왔다.

우리는 다른 사람의 몸을 보는 데 그치지 않는다. 비주얼의 컬처는 개인의 블로그 혹은 카페를 통해서 자신의 몸매를 과시하는 경향은 날이 갈수록 위험 수위를 더해 가고 있음을 알 수 있다. 이상적인 자신의 몸에 대한 욕망을 자극하기 위한 은밀한 방법들이 교묘해지고 은밀해지고 있다. 과학기술의 발달은 몸을 전송함으로써 이전의 차원과는 다른 생생한 몸을 즐길 수 있게 하도록 하고 있다. 이와 관련된 것이 누드화를 보이는가 하면, 동영상이란 것에 만족하지 못해 아예 서울 대낮 한복판을 알몸으로 나타나 몸을 과시하는 수위에 치달았다.

모든 인간이 나타내는 이미지에 대해 잠깐 생각해 볼 필요가 있다. 이미지는 사회의 질서를 혼란하게 하기 위한 것이 아니라 자신을 자신이게끔 가능하게 하는 조건들을 살펴보는 데 있다는 것에 유의해야 한다. 프로이트에 따르면 '무의식은 존재의 근원'이다. 아리스토텔레스의 "너 자신을 알라"라는 공허한 메아리로 환원될 수 없는 것이다. 무의식은 우리를 인간주체로 만들어 낸다. 자끄 라깡은 욕망이론에서 우리의 무의식은 '예의바른 성품뿐 아니라 변덕스러움, 정신이상, 공포증에서도 우리는 무의식의 흔적'들을 볼 수 있다고 한다.

우리는 물질적 방식으로 자신의 이미지를 높이려 한다, 오늘날 삶에서 오는 스트레스와 인간관계의 어려움에서 오는 모든 문제의 원인을 따라가 보면 결국 근본적으로 우리가 누구인지를 모른다는 사실에 이르게 된다. 우리는 높은 이미지가 목적인데 그 밑바탕에는 이런 사실이 깔려 있다는 것을 알 수 있다. 따라서 우리는 물질적 방식으로 우리의 모든 욕구를 충족하려 할 수밖에 없다는 것은 지나친 쾌락문화에 따른 것이라 생각한다.

우리는 잠시 만족감을 주는 것이 우리에게 어떤 영향을 미치는지에 대해 생각해 보아야 한다. 우파니샤드는 자신이 누구인지 알 때 얻는 기쁨이 가장 고등한 물질문명이 제공할 수 있는 그 모든 쾌락보다 백만 배는 더 크다고 한다. 바로 우리의 삶을 관통하는 시대적 관점에 따른 물질적 변화들을 인식하고 있는 사람이라면 사회적 문제를 일으키는 선동자는 결코 아닐 것이다. 우리는 인본주의적 인간이다.

이 책에서 필자가 말하는 이미지는 두 가지가 있다. 첫째, 스스로가 제어, 통제할 수 있는 부분, 즉 자기의식을 표현하는 이미지다. 둘째, 무의식에 속해 있어서 자기도 알지 못하는 어떤 것, 즉 자기 정체성을 확립할 기회를 얻는 행위자로서의 건전한 이미지다. 남성 지배적 구조 사회에서 특히 여성의 경우라면 무의식에 있는 것들을 끌어내 보여줄 수 있는 내적인 부분이 강해져야 할 것이다. 비단 여성뿐만 아니라 우리는 모두 지금-여기의 긍정 자존감을 반영하는, 즉 긍정 이미지를 높이는 창조적 재능을 발휘해야 한다. 대중매체를 활용하되 삶을 윤택하게 하되 자신을 책임져야 하는 이미지를 높여야 하는게 최상의 선택일 것이다.

빛이 없으면 어떤 모양도 색깔도 드러날 수 없지 않는가. 우리 자신의 마음 아니면 드러날 수 있는 이미지는 아무것도 없다. 이미지란 무엇을 보든 간에 쪼개놓은 석류알 같은, 그게 바로 '나다, 너다, 그것이다'라고 생각하면 될 일, 오직 그뿐이다.

이미 우리 자신이 우리 스스로에 대해 알고 있는 만큼 그것만으로 상대를 봐야 한다. 우리에게 없는 것을 상대에게서 찾으려 한다면 그것은 헛된 일이다. 우리 자신이 허깨비 같은 존재임을 입증하는 일이다.

chapter 10

거기와 여기

과거와 현재

주기적으로 자신을 변화시켜라

미래와 현재

마음에 새겨진 문신을 지워라

숨은 황금을 찾아라

과거와 현재

우리 안에서는 과거의 어떤 힘이 현재 생명의 원천이 되고 있다. 일찍이 생각해 보지도 못했고 사용해 보지도 못한 어떤 것들이 내장되어 있다. 따라서 우리의 마음은 번갯불처럼 세상을 요동치게 하지만, 잔잔한 호수처럼 고요하고 평안하게 한다. 우리의 어떤 내정된 자아에서 변화가 일어나는지, 이 내적 자아는 어떤 현실 상황 속에 깊이 뛰어들어 우리에게 생기와 활력을 불어넣는지 포착해 볼 수 있다.

과거와 현재는 공존함으로써 둘은 불가분의 관계를 이룬다. 그런 만큼 우리는 순수하게 과거와 현재를 살 수 있다. 과거와 현재 사이의 다른 점은 물리적인 시간이 개입될 수 있지만 여기에서의 과거와 현재는 그것마저도 넘어서는 시간의 융합이다. 과거 속으로 들어가서 자신의 기억의 필름을 되돌려 그 사건을 다시 사는 것이다. 이때 지금의 상황은 의식하지 않는다. 우리는 과거, 그 실제의 장소에 가 있음으로써 그곳에서 경험했던 모든 것들을 다시 체험하게 된다.

시공간을 초월하는 그 순간 상상력을 최대한 발휘할 수 있다. 이때 생각해야 하는 사건은 어둠 속에서 생각하는 것이 가장 좋은 방법이다. 우리는 이러한 방법의 훈련을 통해 환한 대낮에도 쉽게 과거를 살 수 있다. 우리가 오랫동안 의지해 왔던 분별력에 의지하여 볼 때 그것은 이야기의 핵심이 이미 암시되어 있고 쉽게 도출될 수 있었던 것들임을 알게 될 것이다. 지금 우리 자신에게 눈이 먼 사람은 모든 무기를 내려놓을 것이다. 믿음은 명료한 형태로 우리의 불신을 깨뜨릴 수밖에 없다.

이것이 전부인가? 우리는 우리 스스로가 만들어 낸 자신의 망상에 대해 충고, 혹은 비판을 하게 될 것이다. 그리고 수치심과 치욕을 면하기 위해 적절한 시기에 그 장소를 떠날 수도 있을지 모른다. 아니면 하나의 사건, 거기에 관련된 것들, 주위 사람들을 자세히 살펴보고, 이해하고, 비로소 그것들이 가지는 힘에 주목할 수 있다. 누가 쳐 놓은 덫에 걸리지 않았는가? 오랫동안 누군가를 사랑해 왔으므로 그를 구속하려 들지는 않았는가? 초원에서 풀을 뜯다가 치타에게 쫓기는 어린 양처럼, 의지할 여지없이 아무 정신없이 그저 앞으로 내달려야 했던 사건들이 현재 지금-여기 이 순간을 살게 한다.

우리의 '숨'은 몸과 몸 사이의 넘나듦, 즉 교감이다. 우리는 하나의 몸에 장착된 갖가지 몸을 이루는 요소들의 안배, 그 안배된 것들의 힘을 느낄 수 있다. 이것들은 신적이고 숭고하고 더욱이 해와 달에 견주어 볼 필요조차 없는, 즉 눈을 돌릴 수 없을 정도로 흥미롭다. 우리는 그것들이 나름의 아름다움에 매료될 수 있고 그것들에 존재하고 또 존재할 만한 가치가 되는 것이다.

과거에 경험했던 그 사건들을 다시 체험할 수 있다. 이 방법에서 최대한의 자신을 느끼려면 반드시 내적으로 홀로 있어야 한다. 그러면 과거 시간 속의 일들을 생생하게 느끼게 될 것이다. 과거에 머물러 있음으로써 우리의 기억은 필름을 되돌리듯 살아나게 되며, 이 되돌린 필름은 우리가 원치 않아도 바라보게 하는 각성제 역할을 한다. 이때 우리는 객관적인 관점을 가져야 한다. 과거의 시간에는 알 수 없는 것들을 알 수 있게 하는 지혜의 눈이 내재한 상처에 관계된 일이라면, 그 상처를 준 사람의 내면이나 특별한 상태까지도 보게 함으로써 그에 대해 깊이 이해할 수 있게 해 준다. 그러한 이유로 우리는 그 순간 실제로 자신을 용서하게 된다.

모든 부정적인 정서를 내 안에서 키웠다는 사실을 깨닫게 된다. 우리에게 상처를 준 상대에 대한 미움도 원망도 증오도 분노도 새롭게 조명을 받는 것이다. 그 깨달음의 순간 우리는 우리 자신을 아프게 한 것은 바로 '내 탓'으로 돌리게 됨으로써 치유가 일어난다. 상처를 준 사람과 상처를 끌어안고 있던 자신을 사랑하게 된다. 위로와 평화! 그것은 우리가 오래도록 얻고 싶었던 것이 이루진 것이다. 따라서 현재 그 일들을 실제로 겪고 있는 듯이 감각적으로 생생하게 느끼게 될 것이다. 그 체험을 통해서 받았던 어떤 기운을 지금–여기 이곳으로 가지고 올 수 있다.

우리는 깨어지기 쉬운 크리스털 같은 존재이다. 안팎이 훤히 다 보이지만 우리는 훤히 다 보이는 그것들 성질을 들여다볼 수 없다. 질그릇은 깨어지면 놋그릇처럼 다듬어 다시 고쳐 쓸 수 있는 그릇이다. 하지만 크리스털은 한번 깨지면 그것으로 끝이다. 하지만 그 그릇이 주는 투명함, 맑은 소리, 아름다운 곡선의 부드러운 이미지는 우리의 내면에 비주얼 컬처로 자리 잡는다.

과거와 현재를 산다는 것은 충실한 지금을 사는 일이다. 풀잎 위 하나의 물방울이 모여 큰물을 이루듯이 우리의 삶의 조각들을 모아 하나의 퍼즐을 만들어야 한다. 이른 봄 언 땅을 밀고 나온 어린 새싹의 힘, 그 힘에서 우리는 인간의 욕망이 빚어내는 상황에 대해 살펴볼 수도 있다. 우리는 어디에서든 깊은 뿌리를 내릴 수 있는 강한 존재이다. 우리가 온전히 꽃 피우기 위해서는 주위 환경을 나에게 맞추지 않아야 한다. 동시에 우리 자신을 주변 환경에 맞추도록 해야 한다.

과거 현재를 깊이 보게 되면, 몰아치는 흰 파도줄기처럼 대자유에 머물 수 있으리라.

주기적으로 자신을 변화시켜라

사람과 사람의 관계는 횡적이다. 자신을 사랑하지 않으면서 남을 사랑하기란 쉽지가 않다. 남을 사랑하지 않으면서 자기만을 사랑한다면 삶은 가치가 없다. 다른 사람을 만나고 그들과의 긍정 자존감을 나누는 데 우리 삶의 형태는 만들어지며, 그때 비로소 우리는 참 자아의 길을 걷기 시작하는 것이다. 사람과 사람의 관계에서 체험한 사랑은 또 다른 변화를 요구하게 된다. 이때 우리는 주기적으로 자신을 바꿔야 할 필요가 있다.

우리는 자신의 인생을 밝고 즐거움만으로 채우려고 하는 경향이 강하다. 파리가 어느 곳에나 앉을 수 있으나 앉지 못한 곳이 있다. 그곳은 오직 불꽃이다. 우리 또한 우리의 삶이 늘 불꽃처럼 타오를 것을 기대하지만 그 기대감이 채워지기는커녕 깨질 때가 오히려 많은 날이 있을지도 모른다. 우리의 습관이 소망과 양립할 수 없기 때문이다. 우리는 깨어 있어야 한다. 언제 소망이 이루어질지는 아무도 모른다. 그 소망이 꽃봉오리를 맺었지만 언제 탄탄한 열매를 맺을지는 알 수 없는 사실이다.

우리 개인의 은밀한 이야기는 우리 자신에 의지해 풀어 나갈 수 있다. 비밀에 대한 불안한 심리와 두려움에 대한 스트레스를 가질 필요가 없다. 호두알을 깨뜨려야 알맹이를 볼 수 있듯이, 우리 내면의 자아들이 친밀한 관계를 맺음으로써 특별한 위로를 받을 수 있다고 생각한다. 따라서 이런 훈련을 주기적으로 반복함으로써 우리는 반복할 때마다 자신을 바꿀 수 있게 된다. 예를 들어 어린 시절 폭력적인 아이가 장난 삼아 자신의 뺨을 쳤을 뿐인데 그 당시 그 아이의 뺨 한 대를 때려 주지 못한 스트레스는 지금도 들끓을 수 있다.

이처럼 트라우마로 인해 사람들이 자신에게 접근하는 것을 두려워할 수 있다. 이런 사건을 두 달에 걸쳐 훈련하다 보면 맨 처음에는 "나는 너를 용서 못해, 절대! 너를 힘껏 때려 주고 싶어!"라고 하는 상처 입은 자아가 버티고 있을 수 있다. 그래도 꾸준히 훈련하게 되면 "나는 너를 용서하고 싶으나 용서할 수 없어!"라는 자아가 나타날 수 있다. 진정한 용서를 할 수 없다는 뜻이다. 그들은 그 한, 트라우마를 키우면서 트라우마의 맛을 즐기는 일종의 만족감을 계속 누리고 싶어 한다. 마조히즘masochism이다. 이는 타인에게 물리적이거나 정신적인 고통을 받고 성적 만족을 느끼는 병적인 심리상태이다. 본인은 이런 사실을 전혀 모르고 지내 왔을 수 있다.

그렇다고 여기서 훈련을 멈추어 서는 안 된다. 어렵고 떨쳐 버리고 싶은 유혹을 받더라도 꾸준히 훈련을 거듭해야 한다. 마치 마라톤 선수가 힘이 든다고 하여 중간에서 멈추지 않듯이 말이다. 멈추는 순간 경기는 끝이다. 두어 달 집중 훈련을 하다 보면 "그래, 너는 나를 의도적으로 그런 게 아니었고, 넌 나를 때리고 달아났으니 내가 얼마나 아팠는지 넌 모를 거야!"라는 자아가 있다는 것을 알게 될 것이다. 오랜 세월이 흘러도 해결되지 않던 그 아이로 인해 현재의 생활에 지장을 초래한 장본인은 바로 자신이라는 사실임을 알게 된다.

내적 상처가 자신의 것이라면 내용과 관계없이 그 상처에 머물러야 한다. 우리는 씨앗으로 떨어져 싹을 틔우고 폭풍의 밤을 견딘 나무가 아닐 수 있다. 트럭에 묶여 실려 가는 덩치 큰 나무들은 어떠한가? 그 나무들은 그다지 뿌리가 없다. 거의 잘린 뿌리는 고무줄로 동여매어져 있다. 그러고는 그대로 땅에 묻힌다. 땅 내음을 맡을 겨를도 없이 가뭄에 말라죽기도 하는 나무, 그 나무들의 소리를 들어 보았는가? 외마디 비명을 들어나 보았는가? 우리는 높은 지식을 통해 지혜에 도달할 수 없다. 단지 끊임없는 훈련을 통해 진리에 이를 수 있다.

훈련 중에 주의해야 할 것은 한 번에 한 시간 이상하지 않도록 해야 한다는 것이다. 운동에 맛 들인 사람은 몇 시간이고 헬스장에서 몸을 혹사하는 경우도 있다. 한 사람이 여름날 새벽 4시에 산길 자전거 타기 맛을 뿌리칠 수 없어 출근시간이 늦은 적이 있다. 그런가 하면 암벽 난간에서 물구나무를 하루라도 안 하면 갑갑해 견디지를 못한다는 사람도 마찬가지다. 그들의 공통점은 멈출 수 없는 고통의 쾌감을 즐기는 것이다. 자전거 마니아는 일상에서 받는 스트레스를 해소하는 한 방법으로 점신 시간을 이용해서도 자전거를 타는 것이다. 그는 고된 운동 시간을 휴식으로 착각하고 있었다.

이 훈련에 맛들인 사람은 몇 시간이고 이 훈련을 하고 싶어 한다. 강박증이다. 뭐든 하지 않으면 불안한 심리상태를 즐기는 그 사람처럼 말이다. 결국 그는 자신의 한계를 극복하기 위한 수단으로 자전거 타기를 밤낮 없이 타지 않으면 안 되었다. 그러니까 그가 몸을 잠시도 쉬지 못하게 한 과도한 운동을 한 그가, 즉 과유불급(過猶不及)! 지나치게 자신의 마음이 원하는 삶을 선택한 것이다. 주기적으로 자기를 바꾸지 않았던 그 사람은 가슴이 아닌 머리로, 몸의 말을 미처 듣지 못한 요인으로 불행하게 중병을 얻고 말 것이다.

우리는 우리 스스로 우리 자신을 만들어야 한다. 뭐든 과유불급이 되지 않도록 수위 조절을 잘해야 한다. 자신의 정화와 성장의 목적성이 뭔지를 깨닫고 그 목적성에서 빗나가지 않도록 자신을 돌볼 책임을 져야 한다. 하나의 만족에만 머물러 있을 게 아니라 진정 자신을 아끼는 마음으로 주기적으로 자신을 바꿔야 할 까닭이 여기에 있다. 지금 가로수가 손을 흔드는 소리 들을 수 있는가? 들리면 성공한 인생이다.

미래와 현재

우리는 지금 여기에서 긍정 자존감으로 미래를 일깨워야 한다. 그것이 현재를 풍요롭게 사는 방법이다. 우리가 무엇에 집착하고 있는지를 알아야 한다는 뜻이다. 그렇게 함으로써 지금-여기 이 순간 유일한 자신, 즉 실재의 형태를 만들지 않고 실재만을 봐야 한다. 그렇다면 미래에 갇힌 삶이란 과연 어떤 것인지를 생각해 보자. 미래의 삶과 지금의 심정을 정말로 깊이 공감할 수 있어야 한다.

마음을 긍정 자존감으로 채워야 한다. 그래야 허전함이 사라진다. 채움은 역설적으로 비운다는 뜻을 포함한다. 형태가 없는 우리의 마음을 채울 수 있는 방법은 긍정 자존감으로 자신이 원하는 것을 실행하는 길이다. 우선 가족관계에서 오는 누적된 감정들, 대인관계에서 오는 불편함, 특히 이것을 꼭 해야 한다는 중압감, 내가 해야 한다는 치열함은 우리 정신을 번잡하게 한다. 남에게 칭찬받기 위해서 무엇을 해야 할 필요는 없다. 사람들로부터 아무리 인정을 받는다고 해도 그것은 우리 주변에 있는 극히 일부분의 사람들에 지나지 않는다. 그들은 우리가 무엇을 했는지, 감사하기나 했는지, 마치 지구촌에서 있긴 있었던 일인지 금세 까마득히 잊어버리고 말 것이다.

따라서 우리는 미래가 소중하면 현재의 소중함을 더 깊이 이해해야 한다. 부를 축적하기 위해서 일을 한다면 돈의 노예가 되어 버림으로써 자신은 보잘것없다고 여기게 된다. 노동의 대가에 따라 액수가 따라 주지 않으면 자신의 가치를 저울질로 가늠하려 하기 때문이다. 우리 존재의 가치는 무엇으로도 저울질할 수 없는 것임에도 불구하고 말이다. 우리가 미래를 무겁게 짊어지고 있으면 어떻게 될까? 그 미래에 당도하기 전에 이미 지칠 수밖에 없다. 그렇다고 미래에 대한 희망을 저버리라는 것은 더더욱 아니다. 현재의 삶의 무게에 애써 미래의 짐을 짊어진다는 것은 그만큼 에너지를 소모하는 일이다. 그만큼 미래에 닿기 위해 가는 길은 멀고 험할 수밖에 없다.

아인슈타인은 중력이 강한 곳에서는 시간이 느리게 흐른다는 것을 예측했다. 별빛이 휘어진다는 것과 마찬가지이다.

1959년 하버드대학교에의 로버트 파운드와 레브커는 중력이 적색편이를 일으킨다는 아인슈타인의 예측을 확인했다. 이들은 방사성 코발트로부터 나오는 방사선을 하버드대학교에 있는 라이먼실험실의 지하에서 22m 위의 지붕으로 방출시켰다. 그런 다음 뫼스바우어효과라는 현상을 이용한 극도로 정확한 측정 장치를 사용하여 이들은 지하에서 지붕까지 여행하는 동안 광자의 에너지가 줄어들었음을 보였다(따라서 진동수도 줄어들었다). 1977년 천문학자 제시 그린스타인과 그의 동료들은 10여 개의 백색외성에서 시간의 흐름을 분석했는데, 예상대로 강한 중력장에서는 시간이 느리게 흐른다는 사실을 확인할 수 있었다.

……

인공위성의 등장도 일반 상대성이론의 측정에 대한 혁명을 불러일으켰다. 1989년 유럽우주기구가 발사한 히파르코스 위성은 4년 동안 태양계에 의한 별빛의 휘어짐을 측정했으며, 그 가운데 북두칠성의 별들보다 1,500배나 희미한 것들도 포함되었다…

자료들은 모두 별빛이 아인슈타인의 예측대로 휘어짐을 보여주었다. 실제로는 태양으로부터 하늘의 절반만큼 떨어져 있는 별에서 오는 빛도 태양에 의해 휘어짐이 확인되었다.

1993년의 노벨상은 러셀 헐스Russell Alan Hulse와 조지프 테일러Joseph Hooton Taylor라는 두 과학자에게 돌아갔는데, 수상 이유는 서로 공전하는 이중성을 관측함으로써 중력파의 존재를 간접적으로 입증했다는 것이었다.

> 그들은 지구로부터 1만 6.000광년 떨어진 두 별이 죽은 잔해로 7시간 45분 주기로 서로 공전하면서 엄청난 양의 중력파를 방출하고 있다고 했다. 예를 들어 단지에 든 당밀(糖蜜)을 두 개의 숟가락이 서로 공전하는 모습으로 젓는다고 해 보자. 이제 당밀을 헤치고 돌면 그 자취를 따라 파동의 모습이 나타난다. 이제 당밀의 시공간의 조직, 두 숟가락을 두 개의 죽은 별로 대체하면, 두 개의 별이 서로를 쫓아 공전하는 동안 중력파가 방출될 것임을 상상할 수 있다. 이 파동은 에너지를 갖고 퍼져 나가므로 두 별은 이 에너지만큼 잃게 되고, 그 결과 천천히 나선을 그리면서 서로 가까워진다.

그 결과는 아인슈타인의 일반 상대성이론이 예측하는 대로 한 번 공전할 때마다 1mm 정도씩 가까워지는 것으로 드러났다는 것이다. 약 67만 9,600km 떨어져서 공전하는 두 별은 1년 동안 1m

정도 가까워졌으며, 실제로 이 두 별은 중력파에 의해 에너지를 잃음으로써 앞으로 2억 4,000만 년이 지나면 하나로 합쳐지게 된다고 밝혔다.

이렇듯 죽은 두 별은 그들을 둘러싼 환경 안에서 매순간 움직임을 멈추지 않고 있음을 알 수 있다. 여기에 우리는 생각을 깊이 모을 필요가 있다. 지구로부터 1만 6,000광년 떨어진 두 별의 움직임을 상상해 보자. 시간이 흐르면 마음이 고요해지고 본심이 사라질 뿐 아니라 자신도 모든 번잡한 세상을 빠져나간, 즉 우주 공간 한편에서 공전하고 있는 하나의 죽은 별 같은 존재임을 느낄 수 있을 것이다. 이것이 현존에 머무는 상태로서 깊은 평화 한가운데 자신이 서 있다는, 즉 평화의 장소임을 알게 될 것이다.

우리는 잠깐이라도 자연, 동물, 무생물 혹은 미생물들의 삶에 집중해 볼 수 있다. 그들을 위해 따뜻한 마음, 말, 노래를 들려줘도 좋다. 이것은 별다른 의도 없이 서로 일어날 수 있도록 훈련을 하면 상당히 심리적 안정을 찾는 데 있어 유효할 것이다. 처음엔 잠깐이지만 시간이 지날수록 깊이 관찰하게 되는 시간 속에서 참사랑과 깊은 고요와 평화가 어떤 것인가를 느낄 수 있으리라.

이런 것이 바로 미래 현존이다. 성경에는 "누구든지 청하는 이는 받고, 찾는 이는 얻고, 두드리는 이에게는 열릴 것"이라고 한다. 지금-여기 이 순간, 우리의 마음이 편하지 않으면 미래 또한 발전할 수 없다. 오늘의 삶이 원만하지 않으면 내일의 삶에 방해가 된다. 우파니사드는 "황금으로 만들어진 항아리 속의 허공과 찰흙으로 만들어진 항아리 속의 허공이 서로 다른가!"라고 하지 않는가.

또한 우파니사드는 항아리 속 허공은 제한된 것처럼 보이는 것은 사실 '제한되지 않은 것'이고 실재이다. 항아리에 의해 제한된 허공이 제한되지 않은 허공 전체와 차이가 나지 않는 것과 같다고 한다. 우리는 지금 여기서 미래를 살고 있다. 항아리 속의 허공과 우주 공간의 허공은 다를 바가 없다. 그러니까 애써 미래를 끌어다 놓고 들여다보면서 근심 걱정할 이유가 뭐가 있을까 싶다. 언제 올챙이가 앞다리가 몇 mm 나올 거라고 일러준 적 있던가?

우리가 누리고 있는 생은 모두 그저 주어졌다. 우리의 몸은 우리가 원해서 만들어진 것이 아니듯이 우리 몸의 일부분들은 모두 사랑이고 자유이다. 그런데 우리는 유감스럽게 그것들을 제대로 즐길 줄을 모른다. 우리는 이차적인 것들, 즉 명예, 돈, 직위, 옷, 유행을 쫓아가야 하므로 정작 누릴 것을 외면한 채 지나칠 정도로 미래를 걱정하는 것이다. 우리들에게는 나름대로 우리와 비슷한 성질을 지닌 사물이 있는가, 주변을 한 번 둘러보는 일이 중요하다. 없다, 아무것도 없다. 그들은 그저 그들 그 모습대로 있을 뿐이다.

우리가 소유할 것은 아무것도 없다. 그러니 부모나 배우자 혹은 직장 상사나 연인으로부터 시달리지 않도록 해야 한다. 일단 자신에 대한 책임감을 느끼고 있다면 생물과 무생물 혹은 모든 사물과 우주 천체들의 움직임을 이해하고 깊이 들여다보면 여기와 거기가 다를 바가 없다는 것을 깨닫게 될 것이다. 만약 싫어하는 사람이 주변에 있다면 자신을 다시 볼 기회로 받아들이는 편이 효율적이다. 그 사람에게서 보고 싶지 않은 부분은 내 안에 있는 것들이라는 사실을 상기할 필요가 있다.

반면 나를 좋아하지 않는 사람이 있다 해도 그 사람은 그 사람일 뿐이다. 그 사람을 우리가 선호한 적 없고 그 사람은 그 자리에 있을 뿐이라는 사실을 잊지 않아야 한다. 한편 아무리 보기 싫은 사람일지라도 그 사람은 어떤 힘으로 우리 자신 가까이 왔을 뿐이고, 내게 필요한 에너지를 나눌 수 있는 사람이라고 생각을 전환하면 우리 자신은 강해질 것이다. 왜냐하면 그 사람과 우리가 사랑과 기쁨, 그리고 평화를 누리는 방법이 다를 뿐이다. 서로 익숙하지 않은 감정, 혹은 긍정 정서가 다르기 때문일 수 있다.

음식 알레르기가 있는 사람들은 음식 알레르기가 있는 사람을 이해한다. 우리에게 잘 맞는 음식이 다른 사람에겐 독약 같은 요인이 될 수 있다. 우리는 우리의 몸, 체질에 대해서 모른다. 우리 몸은 우리도 모르게 변해 있다는 사실을 몸의 고통을 통해서 알 수 있다. 필자의 경우 오래전에 계곡으로 여름휴가를 갔을 때였다. 간이 화장실에 아주 잠시 들어갔다 나왔을 뿐인데 온몸이 벌겋게 부어오르기 시작한 것이다. 곧장 병원으로 향할 수밖에 없었다. 그 후 간이 화장실을 사용하는 곳으로는 여행 절대 삼간다.

그뿐만 아니다. 불과 몇 년 전 갑자기 온몸이 물린 듯이 가려웠다. 참을 수 없을, 아니 숨이 넘어갈 정도로 가려워 병원을 찾았지만 알 수 없는 일이었다. 그런데 또 그런 일이 발생했다. 유심히 몸을 관찰하기 시작했다. 원인은 그렇게 좋아하던 고등어였다는 사실을 발견했다. 그 후 다시 몸을 알기 위해 소량의 고등어를 먹어 보았는데 역시나 다를 바가 없었다. 우리는 매순간 새로운 체험을 해 보려는 마음이 중요하다.

완전히 새로운 삶을 체험해야 한다. 매일 아침 눈뜨는 순간은 새로운 날을 맞아, 새로운 인생을 사는 일이다. 매일 우리 몸의 감각 중 하나를 선택해서 의식할 것을 찾아보자. 감각들을 알아차리기가 좀 어렵다면 소리와 호흡을 알아차리는 게 더 유리하다고 볼 수 있다. 우리 몸의 어떤 감각을 느낄 수 있을 때까지 자신을 열어 놓고 있으면 신체적, 정신적 긴장이 풀어질 것이다. 육체와 정신은 매우 밀접한 관계가 있어 둘 중 하나가 활동을 시작하면 여러 기관에 영향을 미친다. 찬바람이 불면 꽃들도 몸살을 앓는다.

마음에 새겨진 문신을 지워라

누구에게나 가슴속에 문신-고통-하나쯤 새겨져 있을 수 있다. 그 문신을 지운 것은 자신의 어느 일면만을 본 데 지나지 않았다는 것을 훗날 알게 된다. 자신을 사랑한다면 일면만을 말고 전체를 보는 눈을 확장시켜야 한다. 눈으로 보는, 즉 시각적인 것은 인간의 감각 가운데 가장 발달한 것이다. 누구나 질책을 당하면 금방 화를 내고 대드는 반항적인 타입이 있는가 하면 전혀 그렇지 않은 타입도 있다. 상사가 내린 결정에 만족하고 있는가 하면 그것 또한 결코 아니다. 욕구 불만은 그대로 마음속에 남아 있게 된다. 그것들이 누적되면, 당사자는 자기 마음을 짓누르고 있는 데 지나지 않는다.

이런 사람들의 경우 상사나 동료들에 대해 원한을 품고 있을 수 있다. 본심을 숨기고 행동하는 가운데 자기 자신까지 기만하면서 소설 속의 주인공이 되어 버린다.

우리의 모든 고통은 그 모든 것이 일어나도록 허용한 신의 탓일까? 만약 신의 탓으로 돌린다거나, 운명 탓으로 돌린다거나, 좌로 갈지 우로 갈지 자기의 의지로 방향을 잡지 못하는, 즉 의사결정을 하지 못하고 우왕좌왕하는 낭패를 겪게 된다.

또한 실수의 늪에서 헤어나지 못한 채 좌천되는 경우가 있다. 그로서는 더는 참을 수 없게 될 것이다. 그리고 그를 박탈한 상사에 대해 불만과 분노를 느낄 수 있다. 심리적인 공포감을 떨쳐 버릴 수 없기 때문에 마음 안에 그림자를 만들게 된다. 결국 그림자를 만든다는 것은 자신의 감정의 문제일 수도 있겠으나 자신감을 상실한 데서 오는 상대적 박탈감으로 봐야 한다. 인생은 공수래공수거(空手來空手去), 즉 빈손으로 와서 빈손으로 가는 것이고 자신의 보물을 마음속에 지니고 있으면서 언제나 그것을 다시 플래카드로 꺼내들 수 있는 용기를 잃지 않는 게 좋다.

인간이란 무의식중에 상대의 자존심에 상처를 입히는 경향이 있다. 이런 사람들은 긍정 자존감이 높지 않은 사람으로서 자신의 자존심을 그런 식으로 채우는 것이다. 남을 욕한다든지, 다른 사람에게 자신의 분야에 대해 늘어놓는다든지, 부하 직원이나 동료들에게 백해무익한 잔소리를 퍼부어댄다든지, 어떻게든 자신의 상처 난 마음을 보상하려는 강렬한 욕구가 내포되어 있다. 결국 자신을 과시함으로써 자신의 자존심을 높이려는 경향이 있다.

자존심이 남달리 강한 사람일수록 충고 투로 말을 한다. "회사에 남는 게 없어. 집에 가져갈 돈이 뭐야. 자네가 회사를 위해 좀 더 힘써 주게!" 이런 투의 충고는 부모가 공부하기 싫어하는 아이를 억지로 책상에 눌러 앉혀 문제를 풀게 하는 강한 압력에 지나지 않는다. 상사의 말 속에는 '언제든지 자를 수 있다'는 갑의 횡포가 숨어 있다는 감정이 드러난 셈이라 볼 수 있다. 이 경우 부하 직원은 상사의 충고를 깊이 있게 받아들일 필요가 있다. 자신도 인정할 수밖에 없는 직장의 경영악화를 이해한다면 상사의 충고가 잘못된 견해는 아니라는 것을, 뱃심 좋은 사람처럼 일어설 수 있다는 용기를 내보이는 것이 상책이라는 것을 명심해야 한다.

우리 대부분은 자신의 욕구 불만에 대해 나름의 처리 능력이 있다. 적응하기 어려운 상황에서도 여유만만 대처해 나갈 수 있는 능숙한 사람들이라 할 수 있다. 이 같은 경우 대개 성장 과정에서 가지각색의 사람들에게 손가락질을 받았거나 인정을 받지 못했을 수도 있다. 이들의 특징은 그런 체험적 기본 바탕이 있는 사람으로서 처리 경험에 능숙한, 즉 내성이 강한 사람들이다. 이들은 감당하기 어려울 정도로 주변이 흔들리고 있음에도 담담하게 자기중심을 꿋꿋이 지키는 강한 의지력의 소유자임이 틀림없다.

욕구 불만이 전혀 없는 사람이 있을까? 온실 속의 식물처럼, 새장 속의 새처럼, 벽장 속의 묵은 달력처럼, 세상 풍파가 무엇인지 모르는 사람도 있을 수 있다. 이들은 욕구 불만이 설령 있다 할지라도 겉으로 전혀 나타내지 않는 타입이다. 이들은 군말 한마디 없이 자기 일에 최선을 다하는 사람으로서 직장에서 인정을 받지만 내심 자신은 불만을 분출하지 못하게 된다. 어릴 적에 엄한 가정교육이라든지, 부모의 말을 거역하지 않는 '착한 아이' 성향이라든지, 욕구 불만을 표출했다가 오히려 마음 깊이 더 큰 상처를 입었다든지 하는 경험이 있다든지, 즉 내성이 있어 제 맡은 일을 깐깐히 잘하는 사람이다. 인간은 자기 관리를 어떻게 하느냐에 따라 자기 능력껏 살 권리가 있다.

우리 중에는 자기 업무에 대한 수행 능력이나 지난날 업적에 대해 자랑을 늘어놓는 사람을 볼 때가 있다. 대단한 수완가처럼 느껴지기도 하는데 이런 사람일수록 현실의 세계에서 욕구불만에 빠져 있는 경우가 많다. 이들은 승진의 기회에서 불이익을 당했든지, 급변하는 사회에 적응하지 못한 불안감이라든지, 자신의 자리에서 대우를 제대로 받지 못한 데서 기인하는 심리적 압박감이라고 할 수 있다. 인간에게는 어려운 상황이 닥쳤을 때 외부의 압력으로부터 도피하고자 하는 경향이 있다. 이들은 지금의 자신을 과거로 환원시키고자 함으로써 그 중압감을 감소시키려는 정신적 구조mechanism라고 할 수 있다.

프로이트는 이런 심리를 '퇴행 현상'이라고 한다. 그야말로 어린아이가 된 것이다. 동생에게 어머니의 관심이 쏠릴 경우 공연히 투정을 부린다거나, 평소 안 하던 눈 깜빡임을 한다거나, 잠자리에서 오줌을 싸는 등 전형적인 '어린아이'이다. 이들은 출세한 동기의, 현재의 직함을 부르지 않고 학창시절 때처럼 이름을 부르는 따위의 행동도 '퇴행 심리'의 소산임을 여실히 보여준다. 높은 직책으로 퇴직한 사람이 퇴직 후에도 평소 양복 차림으로 말쑥하게 다니는 것을 보면 그 사람의 습관일 뿐이지 지금도 그 직위를 착각하고 있지 않다는 것을 알 수 있다. 인간은 쉽게 변하지 않는다는 것을 입증하는 바이다.

숨은 황금을 찾아라

우리의 내면에는 각자가 발견하지 못한 황금이 있다. 이것은 자신의, 최고의 자질로서 다른 사람과 비교할 수 없을 정도로 큰 비중을 차지하고 있다. 우리가 자기 안의 황금을 찾지 못하고 밖에서 찾으려 애쓰고 있다면 결코 그 황금은 강가에 널브러진 한낱 돌멩이에 지나지 않는다. 괴테의 《파우스트》는 자아가 부활하려면 그림자의 부활도 동시에 이루어져야만 가능하다는 사실을 강렬하게 묘사한다. 달리 말하면 우리는 반드시 우리 내부의 그림자를 살펴보아야 한다. 그래야 마음의 눈이 밝아져 숨은 황금을 찾을 수 있다.

우리는 인생을 살면서 세상의 풍파에 시력이 저하되었다. 이 경우 우리는 우리가 지닌 특질을 수용하지 않고 밖에서 그것을 보려고 한다. 로버트 존슨Robert Johnson에 따르면 '우리는 종종 우리들이 지닌 숭고한 특질을 자기 것으로 받아들이길 거부하고, 이것을 가진 다른 대리인이나 대용품을 찾는다.'고 한다. 마치 젖과 꿀이 흐르는 땅을 떠나 사막에서 오아시스를 찾아다니는 것과 다를 바가 없지 않은가.

물론 사람마다 정도의 차이는 있겠지만, 그들이 바라는 것은 고작 어떤 행운이 오기를 기다리고 있거나 로또가 당첨되어 일확천금을 노리는 것에 지나지 않는다. 한편 이처럼 명쾌한 답이 없는 삶에서, 지루함에서, 상황에 저항하거나 거부할 수 없는 지점에 서서 막연히 구원되기를, 황금 싸라기가 눈처럼 펑펑 쏟아지기를 학수고대하는 사람들이 있다. 이들은 자신 내면의 황금을 다른 사람이 찾아주기를 바라는, 즉 삶의 의욕이 저하된 사람들이다. 이들은 자기 삶의 일부를 타인에게 양도해 버린 것이다. 이에 로버트 존슨은 이 세상 누구도 타인에게 자기 그림자를 내려놓을 권리가 없다고 한다.

> 우리는 자신의 발전을 위해서…… 거북하고 원치 않는 감정을 남에게 던져 버리거나 회피할 수 없다…… 그림자는 엄청난 에너지를 포함하고 있으며 우리 생명력의 토대가 된다. 문화적 수준이 높은 사람이 그만큼의 그림자를 똑같이 가지고 있다면 그가 발휘할 수 있는 힘은 엄청나다.

이에 블레이크Eugene Carson Blake는 우리가 형상form을 원한다면 천국으로 가야 하고 에너지를 원한다면 지옥으로 가야 하는데, 반드시 이 둘을 결합해야 한다고 주장한다. 내면의 천국과 지옥을 직면할 수 있다면 이것이야말로 최고의 창의력인 것이라고 로버트 존슨은 강조한다. 이는 우리가 사람이나 사물을 있는 그대로 보지 않고 우리의 관점으로 본다는 것을 알게 한다. 우리는 사람이나 사물을 있는 그대로 보고자 한다면, 우리는 우리의 집착과 그 집착이 만들어 내는 허상에 관심을 가질 필요가 있다.

우리는 마음이 산란했던 수많은 시간을 지나왔다. 우리가 가지고 있지 않은, 가지기 어려운, 가질 수 없는 것들에 집착하거나 가진 어떤 것들을 지키려고 안간힘을 다했을 수 있다. 또한 우리가 원치 않는 것을 피하려고 할 때마다 걱정과 두려움으로 인한 시간을 건너왔다. 우리가 살기 위해 분투하고 있을 때 꽃이 언제 피고 지는지, 굽이굽이 흘러가는 강물에 물새들의 노래가 얼마나 고운지, 조약돌

하나에 새겨진 무늬들 속에서 빗소리의 속삭임을 듣는다는 것은 어쩌면 불가능한 일이었을지도 모른다.

한편 사랑하는 사람과 이별을 했다면 애도를 충분히 해야 했다. 그러나 우리는 애도마저도 충분히 못할 정도로 현실의 삶에 묻혀 버린 것이다. 때로는 우리의 심장 소리가 어떤지도 느껴 보지 못한 채 사회와 문화가 우리를 속여도 항변 한마디 못해 보고 살아오지 않았는지 점검해 볼 수 있다. 우리가 열망한 삶이 고작 그것에 지나지 않느냐고 자신을 돌아볼 때 우리의 마음은 교정되고 자유를 누릴 수 있는 것이다.

따라서 우리는 우리 자신 외 어떤 사물이나 사람도 우리를 행복하게 혹은 불행하게 만들고 있지 않다는 것을 알게 된다. 행복이나 불행을 결정하는 것은 우리 자신일 뿐이라는 사실을 수긍해야 한다. 또한 주어진 상황에 집착할 것인가 무시할 것인가를 결정하는 것도 바로 우리 자신임을 직시해야 한다. 우리는 너무도 성급한 나머지 충동적으로 말을 하고 행동을 하여 불행을 자초하지는 않았는지 충분히 관철해 볼 일이다.

우리는 종종 상황이나 어떤 문제에 대한 이해가 결핍되어 우리 자아가 억눌리고 파괴되는 것을 두려워한 경우가 많을 수 있다. 사실 그것들이 우리가 필요로 하는 것을 주지 못했을 뿐 아니라 걸림돌이었다는 것을 알게도 된다. 지나고 나면 모든 시간이 그렇듯이 지금-여기 이 순간도 덧없는 환상이다. 허깨비다. 우리의 발소리가 일순간에 사라지는 것처럼 인생은 덧없음이고 일시적이다.

우리가 고속도로를 운전할 때 스쳐 지나가는 사물들처럼 매 순간 그것이 일어나는 그 순간을 우리는 보고 있을 뿐이다. 시각의 초점이 이것에서 저것으로 순간이동 하는 것이다. 대상들이 우리의 눈앞에 잠시 나타났다가 사라짐과 같이 우리도 그 행렬에 지나지 않는다. 데이비드 호킨스는 존재한다고 생각하는 것조차도 의식 속에서 지나가는 찰나에 포착하는 것에 지나지 않는다고 강조한다.

> 절대적인 실상은 존재조차도 넘어서 있습니다. '존재한다'는 것도 역시 일시적인 개념이다. 그 개념 속에는 그런 진술을 통해서 어떤 독립적이고 객관적인 실체를 서술하고 있다는 전제가 깔려 있다. 그런 모든 진술은 의식의 소산에 지나지 않는다. 실상은 존재조차도 넘어서 있다. 존재는 의식 내에서 덧없는 의식의 체험으로만 성립될 수 있을 따름이며 독립적인 존재성이나 실체성이 전혀 없다.

데이비드 호킨스는 개인이나 사회의 문제들에 대한 해결책이 될 수 있다는 것은 앎이 증대되는 것 말고는 해결책이 없다고 한다. 그는 또한 모든 문제는 그것들의 의식 수준에서는 해소될 수 없고 오직 그다음 수준으로 상승해야만 해결책이 가능하다고 한다. 다시 말하면 각각의 해결책은 새로운 한계점들과 문제들을 내포하고 있다는 것이다.

완전히 새로운 삶을 체험해야 한다. 매일 아침 눈뜨는 순간은 새로운 날을 맞아, 새로운 인생을 사는 일이다. 매일 우리 몸의 감각 중 하나를 선택해서 의식할 것을 찾아보자. 감각들을 알아차리기가 좀 어렵다면 소리와 호흡을 알아차리는 게 더 유리하다고 볼 수 있다.

에필로그

그대의 작은 가슴에 개울을 가지고 있었나요,

수줍은 꽃이 피고,

뺨을 붉힌 새가 물을 마시러 내려오고,

그림자가 저렇게 흔들리고–

너무나 잔잔하게 흐르기에, 어떤 개울이라도

거기에 있으리라고 아무도 상상치 못하지만,

그대의 생명의 작은 한 모금을

날마다 마시는 그 개울을–

아하, 3월엔 그 작은 개울을 조심하세요,

그때엔 강이 넘치고,

눈이 언덕에서 바삐 내려오고,

다리가 자주 무너져요–

그리고 나중에, 어쩌면 8월에–
초원이 햇빛에 타며 누워 있을 때,
주의하세요. 이 생명의 작은 개울이
어느 불타는 정오에 말라 버리지 않도록!

–에밀리 디킨슨, 〈그대의 작은 가슴에 개울을 가지고 있었나요〉 전문

에밀리 디킨슨Emily Elizabeth Dickinson의 이 시작품은 개울의 장면을 묘사하되 인간 심리를 잡아내고 있는 아름다운 글이다. 이 작품은 "수줍은 꽃" "뺨을 붉힌 새" "강이 넘치고" "눈이 언덕에서 바삐 내려오고" "다리가 무너져요"에서 실감이 구체화되고 있다. 또한 "초원이 햇빛에 타며 누워 있을 때" "불타는 정오"에서 보듯 개울의 생명에 초점이 맞춰져 있다. 동시에 "그대의 생명의 작은 한 모금을/ 날마다 마시는 그 개울"은 인간의 삶이 따뜻하게 읽힌다. 시인은 인간의 삶을 개울에 비유하면서 아무리 고달픈 삶이라도 "생명의 작은 개울"이 흘러넘쳐 큰 힘을 발휘하기도 하지만, 그것은 자칫하면 말라 버릴 수도 있기에 "말라 버리지 않도록!" 하라며 다방향적인 생각을 독자들에게 열어 주고 있다.

인간은 자신의 범주를 벗어나 새로움을 갈구하고 추구하는 존재이다. 일견, 우리 자신을 신뢰하는 것이 진실하다면 인간 세계의 범주를 벗어나는 신의 시간 개념 속으로 들어갈 수 있다. 이 말은 사

람들이, 우리들이 자신의 능력으로 어떻게 하려 했지만 그 능력이 한계에 부딪치게 되면 어떻게 되는가. 주로 자포자기를 할 수도 있다. 반면 인간의 유한성 때문에 신에게 모든 것을 돌려 버리는 경향도 없지 않다.

하지만 우리는 자신을 중심으로 하되 그 중심에 영원함의 상징을 하나 세워 둘 필요가 있다고 생각한다. 자신만의 영원함의 상징은 분면 어떤 중요한 역할을 하기에 충분하다고 여긴다. 필자의 경우 "섞여 타오르는 물불"이다. 이 영원성을 상징하는 물불은 자연의 위대함에 자신을 내맡김으로써 오히려 원하는 효과를 얻을 수 있다는 생각의 확실한 전환이다. 바로 일상생활의 수준을 넘어서 영원한 세계로의 영역으로 의식이 확장된 것이 영원성이다. 영원성은 의지나 정신을 포함함으로써 본래의 의지나 정신이 원했던 것을 생산해 내는 것이다.

개인에게 있어서는 책상 앞에 붙여 놓은 계획표일 것이고, 사회적으로는 사회제도에 따른 의미일 수도 있다. 이것은 개인에 있어, 혹은 단체, 집단에 있어 가장 높은 수준의 수행력을 보장해 줄 수 있는 가장 효율적인 도구가 될 것이다. 이러한 것들을 이해한다면 우리는 개인으로서 자신의 삶을 개척해 나간다는 것이 어떤 것인지를 쉽게 알 수 있을 것이다. 예를 들어, 하나의 제품이 완성되기까지 동원되는 모든 원재료와 규정에 의한 절차 과정에 따라 완제품이 될 수 있고 불량품이 될 수도 있다. 원재료에 따라 제품이 달라지듯이 우리에게 있어 자극적인 말은 우리의 삶을 가능한 형태로 바꾸어 주는 강력한 힘이 있다.

우리는 언어를 어떻게 사용하는가? 새끼 꼬듯 말을 돌리기도 하고, 택배 포장하듯 테이프를 몇 겹 두르기도 하고, 쏜살같이 빈틈없이 찔러 넣기도 한다. 이 말은 상대를 겨냥하는 게 아니라 바로 항상 자기-자신을 겨냥해야 한다.

일차적으로 우리는 언어라는 것이 어떤 속성을 지니고 있는가는 대부분 알 것이다. 다만 언어의 자장, 파장 속에 우리가 동원되기 때문이다. 강력한 자극적인 언어 안에는 칼날과 같은 예리한 것들이 숨어 있고, 높은 산 위에 우뚝 서 있는 큰 바위처럼 그 무게감을 지니고 있는 언어도 우리들 가슴속엔 숨어 있기 때문이다.

우리는 그것들의 의미를 다 파악할 수는 없다. 시에 있어서 의미가 파악되면 이미 그 시는 죽은 시이다. 무협영화 고수들처럼 공중에서 날아다니면서 싸우는 것과 같이 생생한 언어는 강력한 감각적인 말이다. 여기에서 주요한의 '눈'이라는 시의 한 대목을 한번 살펴보자.

> 까치가 운다. 장안 새벽에 까치가 운다. 三角山 나무 수풀에 퍼붓는 눈에 길을 잃고서, 어제 저녁 지는 해 빨간 구름에 표해 두었던 길을 잃고서, 눈 오는 장안 새벽을 까치가 울며 간다. 까치가 운다.

이 시는 언어의 뿌리가 강력하고 감각적이다. 갓 뽑은 파 뿌리에 묻은 흙처럼 생생한 언어이다. '나는 어떤 감각적 언어를 사용하는가?' 우리는 이따금 자신에게 물어보아야 한다. 대답을 하지 못하면 그 질문을 중단하고, 시간이 지나면 그 질문 속으로 다시 들어가야 그 언어를 찾아 낼 수 있다. 어디까지나 자기-자신을 향해야 함을 다시 한 번 상기하자.

톨스토이는《데미안》에서 '새는 알에서 나오려고 한다. 알은 새의 세계다. 태어나려고 하는 자는 하나의 세계를 파괴하지 않으면 안 된다. 새는 신을 향하여 날아간다. 그 신의 이름은 아프락사스라고 한다.'고 한다. 이 글은 모든 문제를 넘어섬과 동시에 인간 정서 속에 본래부터 내재하여 있다는 것, 희망의 날개를우리는 스스로의 본성을 드러내야 한다. 억압기제에서 벗어나 자기 본성을 찾으려 들 필요가 있다. 우리는 형상이 있되 없음이요, 충만하되 텅 빔의 양극 사이에 있기 때문이다. 동시에 이들 양자택일의 구도 속에 갇히지 않도록 주의해야 한다.

다만 실재하지 않는 것은 존재하지 않는 것이므로 우리는 그것들을 뚜렷이 구분할 필요가 있다. 이는 곧 우리 자신의 심리, 에고 그것들의 형상에 대한 자각을 의미한다. 다시 말해서 자신과 거리를 둔 혹은 통합된 우리의 의식은 세계를 어떻게 이해하고 있느냐에 따라 개인 삶의 창조성이 드러난다. 단적으로 말해 우리는 우리가 보고자 하는 부분을 보게 됨으로써 보지 않는 세계의 실상을 이해할 도리가 없으니 믿지 않을 수도 없는 노릇이다. 따라서 그럴듯한 변명을 갖다 붙일 수밖에 없다. 그러나 우리는 타인, 세계를 이해하기 위해서는 먼저 타인, 세계와 벌어져 있는 차이에 대해 이해해야 한다. 이는 곧 분별 있는 마음가짐에서 비롯한다.

우리는 이 분별 있는 마음가짐으로 피해야 할 함정들이 어디에 있는지, 긍정 자존감을 향상시켜서 그것들을 잘 바라볼 수 있어야 한다. 희망의 메아리가 울려야 할 삶에 있어 우리가 알 수 없는 함정들이 어디에 있는지 찾기 쉬운 것이 아니다. 분명 우리는 자신이 구하는 희망의 요구에 부응할 수 있는 특유의 능력이 있다. 일반적으로 고통과 괴로움은 인간 의식의 바닥수준에 가까워질수록 더욱 커진다. 그 수준에서는 고통스럽고 괴롭지만 어찌해 볼 도리가 없는 납득할 수 없는 지경일 수 있다. 그러한 한계로 인해 고통과 괴로움은 왜곡될 수 있고 그것의 가치는 하락할 수밖에 없다. 우리는 우리 의식에 내장된 한계를 갖는다. 이 경우 평소 삶의 수준에서 벗어나 운명을 운운하며 압도적인 부정성에 놓여 있거나 바늘 없는 나침반을 가지고 항해하는 것과 같다.

이러한 인식을 파악하는 과정에서 우리는 온갖 어려운 과제와 유혹들의 궁지 속으로 빠져들어 고통스럽게 헤매는 것을 예방할 수 있다. 우리는 마음 근육을 이완시키고, 탄력성을 키워 두려워하는 삶의 문제들을 짝지어 봄으로써 난관을 극복할 수 있다. 문제들을 짝짓기 위해서는 우선 긍정 사고와 긍정 언어로서 내면의 문제를 분석해야 한다. 무엇보다 문제를 직시하기 위해서는, 긍정 자존감을 향상시키기 위해서는, 충만한 삶을 영위하기 위해서는 실제 상황에서 훈련화가 뒤따라야 한다. 실제로 우리는 긍정 자존감을 마음가짐에서만 향상시키고자 함에 있어서가 아니라 실제 생활에서도 불안과 두려움을 유발하는 상황에 과감히 노출해야 할 일이다. 이러한 과제는 우리의 현실에서의 적응력을 높이는 데 도움이 된다.

지금 우리는 긍정 자존감을 향상시키는 가운데 서 있다. 필자는 우리의 가능성과 삶에 대한 새로운 시각이 등장한 현대사회 속에서 우리의 시각은 인간 이외 세계를 이해하게 하는 상당 부분을 앞에서 제시했다. 자기실현에 대한, 최고의 가치들에 대한, 욕구와 가능성의 변화에 대해 진실한 새로운 자기 자신, 즉 '나다움'을 다루었다. 사실 인간은 낮은 자존감과 높은 자존감이 있다. 이러한 자존감은 세계에 대한 반응, 즉 기쁨, 슬픔, 즐거움, 우울 등을 포함하고 있기에 긍정 자존감이라는 희망을 향상하게 하는 훈련을 통해 자신을 얼마든지 개혁할 수 있다는 시사점을 제시해 준다.

우리는 과거의 유기체이다. 다시 말해, 우리 각자는 유전적 결정인자를 가지고 있지만, 충만한 삶을 꿈꿀 수 있을 뿐만 아니라 희망의 메아리 긍정 자존감을 더욱 향상시켜 사랑과 평화가 가득한 삶과 세상을 가꾸어 나갈 수 있다. 들리는가? 돌 속에서 부는 바람 소리가 들리는가?

참고 문헌

〈 단행본 〉

- 《감각의 논리》 질 들뢰즈 지음, 하태환 옮김, 민음사, 2002
- 《그림으로 이해하는 심리학》 고영건·김진영 지음, 개마고원, 2013
- 《긍정 심리학》 마틴 셀리그만 지음, 김인자·우문식 옮김
- 《꿈의 해석》 지그문트 프로이트 전집, 김인순 옮김, 열린책들, 2017
- 《내 안에 접힌 날개》 리처드 로어·안드레아스 에베르트 지음, 이화숙 옮김, 바오로딸, 2012
- 《님은 바람 속에서》 발렌타인 L. 수자 지음, 우제열 옮김, 열린책들, 1997
- 《니체, 천개의 눈 천 개의 길》 고병권 지음, 소명출판, 2006
- 《당신의 그림자가 울고 있다》 로버트 존슨 지음, 고혜경 옮김, 에코의서재, 2006
- 《따귀 맞은 영혼》 베르벨 바르데츠키 지음, 장현숙 옮김, 궁리,2002
- 《라캉의 재탄생》 김상환·홍준기 엮음, 창작과비평사, 2002
- 《라캉, 클라인, 자아심리학》 홍준기 지음, 새물결, 2017
- 《마음의 녹슨 갑옷》 로버트 피셔 지음, 박종평 옮김, 골든 에이지, 2008
- 《마음의 속도를 늦추어라》 에크낫 이스워런 지음, 박웅희 옮김, 바움, 2004
- 《멘탈 휘트니스 긍정심리프로그램》 고영건·김진영 지음, 학지사, 2017
- 《몸》 메를로-퐁티의 《지각의 현상학에 대한 강해》 조광제 지음, 이학사, 2014
- 《몸과 그늘의 미학》 이재복 지음, 도서출판b
- 《문학치료학 이론과 실제》 최소영, 고요아침, 2016
- 《불화하는 말들》 이성복 시론, 문학과 지성사. 2015
- 《비폭력대화》 마셜 B, 로젠버그 지음, 캐서리 한 옮김, 한국NVC센터, 2016

- 《상대를 움직이는 대화의 심리작전》 한국언어문화원장, 김양호, 비전코리아, 2004
- 《상처받은 내면아이 치유》 Johh Bradshaw 지음, 오제은 엮음, 학지사, 2004
- 《성공을 부르는 코칭의 힘》 이창호 지음, 해피&북스, 2008
- 《생각의 해부》 대니얼 카너먼 이 지음, 존 브록만 엮음, 강주현 옮김, 와이즈베리, 2013
- 《세상을 이끄는 스피치의 힘》 이창호 지음, 해피&북스, 2013
- 《소원, 욕망, 사랑》 임진수 지음, 프로이트 라캉 학교·파워북, 2015
- 《심리학의 현대적 이해》 안창일 편, 고영건 외 공저, 학지사, 2016
- 《심리학적인 연금술》 고영건·안창일 지음, 시그마프레스, 2011
- 《싱크빅》 벤 카슨 지음, 홍원팔 옮김, 솔리피데, 2008
- 《아인슈타인의 우주》 미치오 카쿠 지음, 고중숙 옮김, 승산, 2007
- 《아직도 가야 할 길》 M.스캇 펙 지음, 신승철·이종만 옮김, 열음사, 2004
- 《욕망 이론》 자크 라캉 지음, 권택영 엮음, 민승기·이미선·권택영 옮김, 문예출판사, 2009
- 《의식 혁명》 데이비드 호킨스 지음, 백영미 옮김, 판미동, 2011
- 《인지 신경과학》 Marie T. Banich·Rebecca J. Compton 지음, 김명선·강은주·김현택 옮김, 박학사, 2014
- 《인성 8덕목》 이창호 외 지음, 빛나래, 2018
- 《임상심리학》Timothy J. Trull, Mitchell J. Prinstein 지음, 센게이지러닝코리아(주), 2018
- 《자존감의 모든 것》 나네테 버튼 몬젤루조 지음, 문종원 옮김, 성바오로
- 《존재분석과 현존재분석》 메다드 보스 지음, 이죽내 옮김, 하나의학사, 2003
- 《존재와 시간》 이기상·하이데거, 살림, 2015
- 《존재의 심리학》 아브라함 H, 매슬로 지음, 정태연·노현정 옮김
- 《하느님께 나아가는 길》 앤소니 드 멜로 지음, 이미림 옮김, 성바오로, 2002
- 《협상의 포인트를 잡아라》 이창호 지음, 해피&북스, 2009
- 《호모 스피리투스》 데이비드 호킨스 지음, 백영미 옮김, 판미동, 2009
- 《5가지 사랑의 언어》 게리 채프먼 지음, 장동숙 옮김, 생명의말씀사, 2008

〈논문〉

- 《신경증과 정신병의 증상완화 및 주체화 촉진을 위한 정신분석적 시치료 연구》 최소영, 2012, 경북대학교 대학원 박사학위

희망의 메아리 **긍정 자존감**

초판 발행 | 2018년 11월 10일

지 은 이 | 김명희

펴 낸 이 | 이창호
디 자 인 | 이보다나
인 쇄 소 | 거호 커뮤니케이션

펴 낸 곳 | 도서출판 북그루
등록번호 | 제2018-000217
주 소 | 서울특별시 마포구 토정로 253 2층(용강동)
도서문의 | 02) 353-9156 팩스 02) 353-9157

ISBN 979-11-964494-2-1 (13190)

(CIP제어번호 : 201803511)
이 도서의 국립중앙도서관 출판예정도서목록(CIP)은 서지정보유통지원시스템 홈페이지(http://seoji.nl.go.kr)와 국가자료공동목록시스템(http://www.nl.go.kr/kolisnet)에서 이용하실 수 있습니다.